Sonia Lucano

Ganz mein Stil

Haupt

… für Fred (in Liebe) + meine 2 Engel …

Sonia Lucano
Fotografien von Fred Lucano

Ganz mein Stil

Deko-Ideen für persönliche Akzente im Wohnbereich

Haupt Verlag
Bern · Stuttgart · Wien

Gläser, Teller, Vasen... und anderes Geschirr

Decken, Bettbezüge, Vorhänge... und anderes aus Stoff

Inhalt

Möbel, Aufbewahrungsboxen… und andere Behälter

Und anderes zum Selbermachen…

Die Techniken

Wie löst man sich vom Alltäglichen, ohne auf Außergewöhnliches zurückzugreifen? Das Rezept ist einfach: man nehme drei Teile Nichts, füge eine Prise Fantasie hinzu, ein Körnchen Technik und etwas Fleiß ... Die Zutaten sind leicht zu bekommen, und was die Technik anbelangt, brauchen Sie sich nur an die folgenden Anleitungen zu halten.

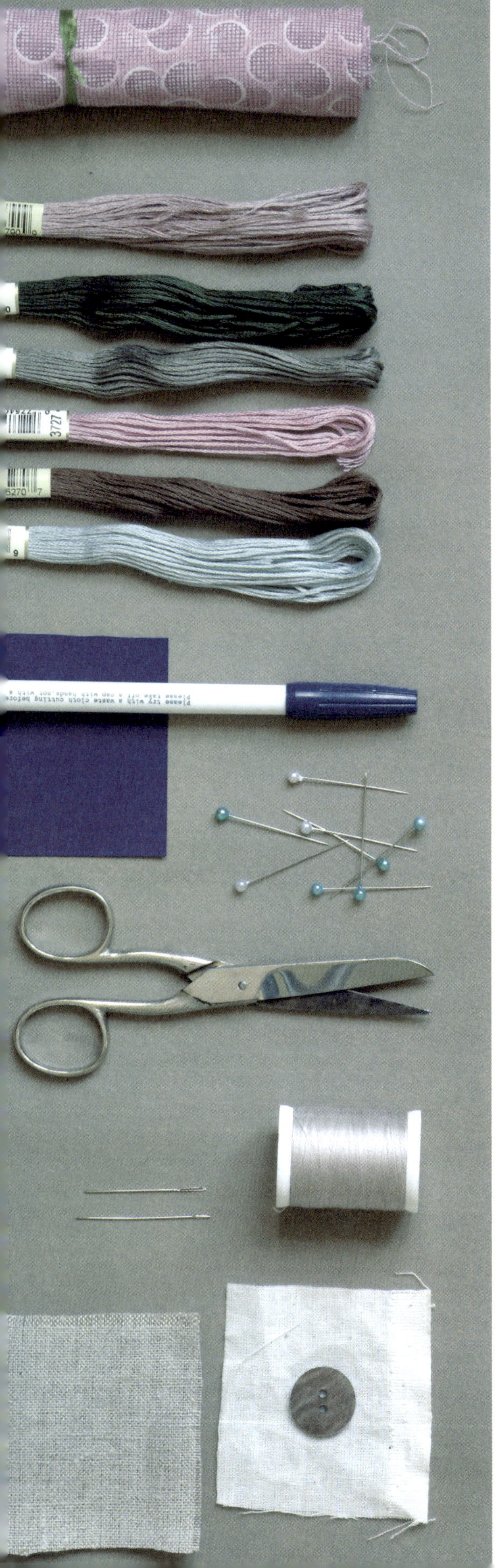

Sticken

Material und Handwerkszeug
Sticktwist
Baumwolle und Leinen in Natur
Nadeln und Schere
Blau- und Transparent-Zeichenpapier
Phantomstift (selbst löschender Markierstift)
Weicher Bleistift (2B)

Pausen Sie zuerst das Motiv ab oder kopieren Sie es. Dann legen Sie den Stoff auf eine ebene Fläche und legen auf die Stelle, an der das Motiv platziert werden soll, das Blaupapier mit der Kohleseite nach unten. Legen Sie darauf das abgepauste Motiv oder die Fotokopie. Ziehen Sie nun die Motivkonturen mit dem Bleistift sorgfältig nach, indem Sie den Stift fest aufdrücken.

Für Buchstaben und Ziffern können Sie auch Kartonschablonen verwenden. Wie man sie herstellt, erfahren Sie auf Seite 11. In diesem Fall legen Sie die Schablonen auf den Stoff und zeichnen die Konturen mit wasserlöslichem Textilstift oder einem Phantomstift nach.

Zum Sticken teilen Sie den Sticktwist und arbeiten je nach ausgewähltem Motiv mit einem oder zwei Fäden.

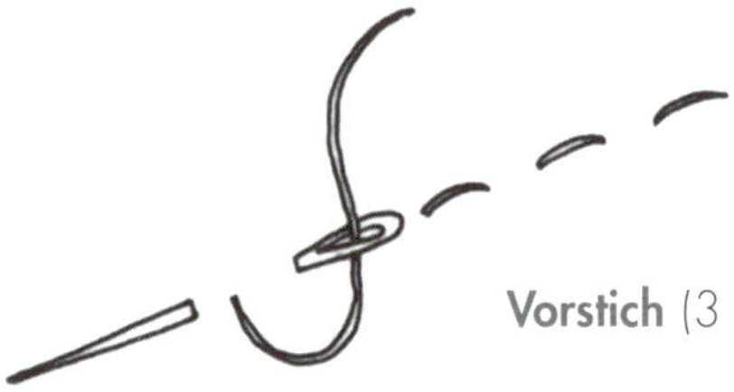

Vorstich (3 Stiche auf 2 cm)

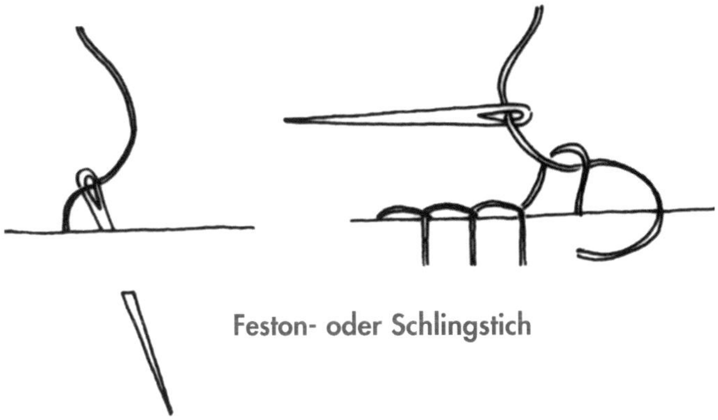
Feston- oder Schlingstich

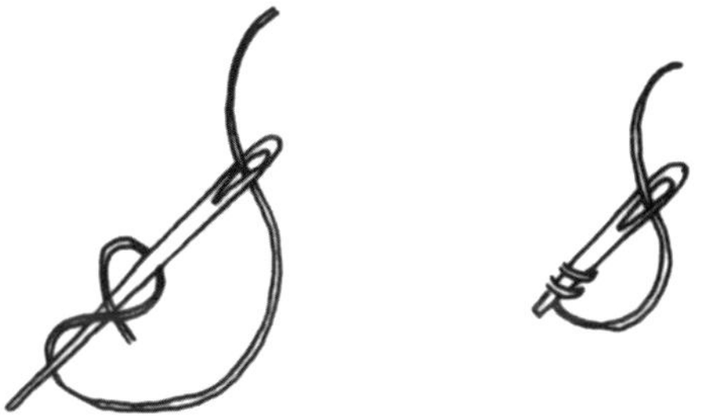
Knötchenstich

Stielstich

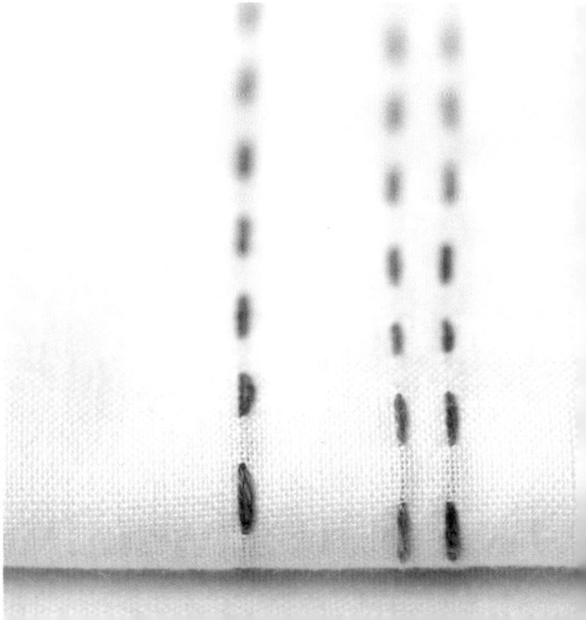

Färben

Material für die Handfärbung
Dylon Textilfarbe für die Handfärbung
Große Wanne
Weißer Essig
Großer Kochlöffel aus Holz
Gummihandschuhe

Handfärbung

Lösen Sie die Farbe in 1 Liter warmem Wasser auf. Gießen Sie die Farblösung in eine Wanne, und geben Sie die erforderliche Menge kaltes Wasser und weißen Essig zum Fixieren der Farbe hinzu. Den Stoff gründlich waschen, um Appretur oder Schmutz restlos zu entfernen, und ausspülen.
Legen Sie den tropfnassen Stoff in das Farbbad. Tauchen Sie ihn vollkommen unter, und belassen Sie ihn 5 bis 10 Minuten unter ständigem Rühren mit einem Stock im Farbbad. Lassen Sie ihn dann 1 Stunde lang unter gelegentlichem Bewegen ziehen.
Zum Schluss spülen Sie das Stoffstück so lange durch, bis das Wasser klar bleibt.

Material zum Färben in der Waschmaschine
Dylon Textilfarbe für die Waschmaschine
Grobes Salz
Gummihandschuhe

Färben in der Waschmaschine

Geben Sie die Farbe sowie 500 g grobes Salz in die Waschmaschinentrommel. Bereiten Sie den Stoff wie zum Handfärben vor: waschen Sie ihn gründlich, um Appretur oder Schmutz restlos zu entfernen. Legen Sie den nassen Stoff in die Maschine, und stellen Sie ein Waschprogramm von 40° ein. So wird der Stoff gefärbt – die Farbe greift Ihre Waschmaschine nicht an. Liegend und an einem schattigen Ort trocknen.

Schablonen und Stempel

Material zum Schablonieren
Schablonenfolie (starke Kunststofffolie)
Wasserfester Filzstift
Skalpell oder Cutter
Breites Klebeband

Schablonen

Die Herstellung eigener Schablonen ist ganz einfach. Für Buchstabenschablonen können Sie sowohl das ABC von den Seiten 14 und 15 als auch eins aus dem eigenen Fundus verwenden. Sie können aber ebenso auf andere Motive aus diesem Buch zurückgreifen.
Bedienen Sie sich der vorgeschlagenen Motive wie abgebildet, oder vergrößern Sie diese auf dem Kopierer. Legen Sie die Schablonenfolie auf die Motive, und pausen Sie sie mit wasserfestem Filzstift ab. Entfernen Sie das Innere der Schablone vorsichtig mit einem Skalpell oder Cutter, und schneiden Sie dann Motiv für Motiv im Abstand von 2-3 cm aus. So erhalten Sie stabile Schablonen, die Sie immer wieder verwenden können. Buchstaben- und Motivschablonen gibt es auch im Handel fertig zu kaufen. Die Schablone legen Sie einfach auf den Untergrund und fixieren sie mit Klebeband. Die Innenfläche der Schablone wird mit einem Pinsel ausgemalt oder, um eine unregelmäßige und nicht zu steife Optik zu erzielen, mit einem Borstenpinsel ausgetupft.

Material zum Stempeln
Buchstabenstempel

Stempel

Stempel kann man überall kaufen. In Spielwarengeschäften findet man sie in Hülle und Fülle. Werden Sie zweckentfremdet, haben Sie das Zeug zu sehr originellen Dekomotiven.

Achten Sie darauf, stets die geeignete Tinte oder Farbe für die jeweilige Unterlage zu kaufen, und befolgen Sie auch die Anleitungen auf den Seiten 12 und 13.

Malen

Für jedes Material gibt es eine spezifische Farbe. Acrylfarbe verwendet man für Holz und Zink, Porzellanmalfarbe für Geschirr und Porzellan und Stoffmalfarbe für Textilien; Tinte ist für alle Untergründe mit Ausnahme von Zink geeignet.

Material zum Malen mit Acrylfarbe
Gegenstand aus Holz oder Zink
Acrylfarbe in der Tube
Pinsel
Weicher Bleistift (2B)
Transparent-Zeichenpapier
Breites Klebeband

Malen mit Acrylfarbe

Pausen Sie das Motiv mit einem weichen Bleistift auf Transparentpapier ab. Drehen Sie das Transparentpapier um, und zeichnen Sie die Konturen auf der Rückseite nach. Legen Sie das Papier mit der Rückseite auf die zu bemalende Fläche, und zeichnen Sie die Konturen ein drittes Mal nach. Da es sich um einen weichen Bleistift handelt, werden auf dem Holz oder Zink Bleistiftspuren verbleiben.
Bei größeren Flächen umkleben Sie die zu bemalenden Flächen mit Klebeband. So erhalten Sie absolut gerade Linien. Sie können auch direkt auf Schablonen zurückgreifen (die Herstellung einer Schablone wird auf Seite 11 beschrieben). Füllen Sie das Schabloneninnere mit Farbe aus, und fahren Sie dabei mit dem Pinsel über das Klebeband. Trocknen lassen und eine zweite Farbschicht auftragen, um eine glatte Oberfläche ohne Pinselspuren zu erhalten. Ist die Farbe vollkommen trocken, ziehen Sie das Klebeband vorsichtig ab.

Material zum Malen mit Porzellanfarbe
Gegenstand aus Porzellan
Porzellanmalfarbe in der Tube
Aufsteckspitzen
Transparent-Zeichenpapier
Weicher Bleistift (2B)
Wasserfester Filzstift
Backofen
Lösungsmittel
Wattestäbchen

Malen mit Porzellanmalfarbe

Übertragen Sie das gewünschte Motiv wie beim Malen mit Acrylfarbe mit Transparentpapier und einem weichen Bleistift auf Ihren Porzellangegenstand. Zeichnen Sie die Bleistiftlinien jedoch mit einem wasserfesten Filzstift nach, damit das Motiv deutlich sichtbar ist.

Es ist sehr schwierig, Porzellan mit einem Pinsel zu bemalen, ohne Pinselspuren zu hinterlassen. Daher empfiehlt es sich, speziell für die Farbtuben konzipierte Spitzen zu benutzen. Linien und Details malen Sie am besten mit einer feinen Aufsteckspitze.

Ist alles fertig aufgemalt, lassen Sie es 30 Minuten lang trocknen und stellen den Gegenstand dann in den kalten Backofen. Die Temperatur auf 150° einstellen und die Farbe 1 Stunde lang einbrennen lassen. Danach nehmen Sie das Teil aus dem Backofen und lassen es 24 Stunden lang trocknen. Zum Schluss tupfen Sie überschüssige Filzstiftfarbe mit einem Wattestäbchen und Lösungsmittel ab. Vorsicht, die Farbe ist zwar spülmaschinenfest, aber Messer können auf dem Muster Schnittspuren hinterlassen. Selbstbemaltes Porzellan ist besser für Dekorationszwecke geeignet.

Material zum Malen mit Textilfarbe

- Baumwolle oder Leinen
- Stoffmalfarbe in der Tube
- Pinsel
- Blau- und Transparent-Zeichenpapier
- Weicher Bleistift (2B)
- Bügeleisen
- Sauberes Stück Stoff
- Küchenkrepp

Malen mit Textilfarbe

Übertragen Sie das Motiv nach der Anleitung von Seite 8 auf den Stoff. Legen Sie auf die linke Seite des Stoffs unter das Motiv Küchenkrepp, um überschüssige Farbe aufzusaugen. Anschließend tragen Sie die Farbe mit einem Pinsel sanft stumpfend auf. Dabei nicht zu viel Farbe verwenden. Mindestens 4 Stunden trocknen lassen. Um die Farbe fachgemäß zu fixieren, legen Sie ein sauberes Stück Stoff auf das Motiv und bügeln es mit dem heißen Bügeleisen 5 Minuten lang ohne Dampf. Dabei das Bügeleisen ständig hin und her bewegen, damit der Stoff nicht versengt.

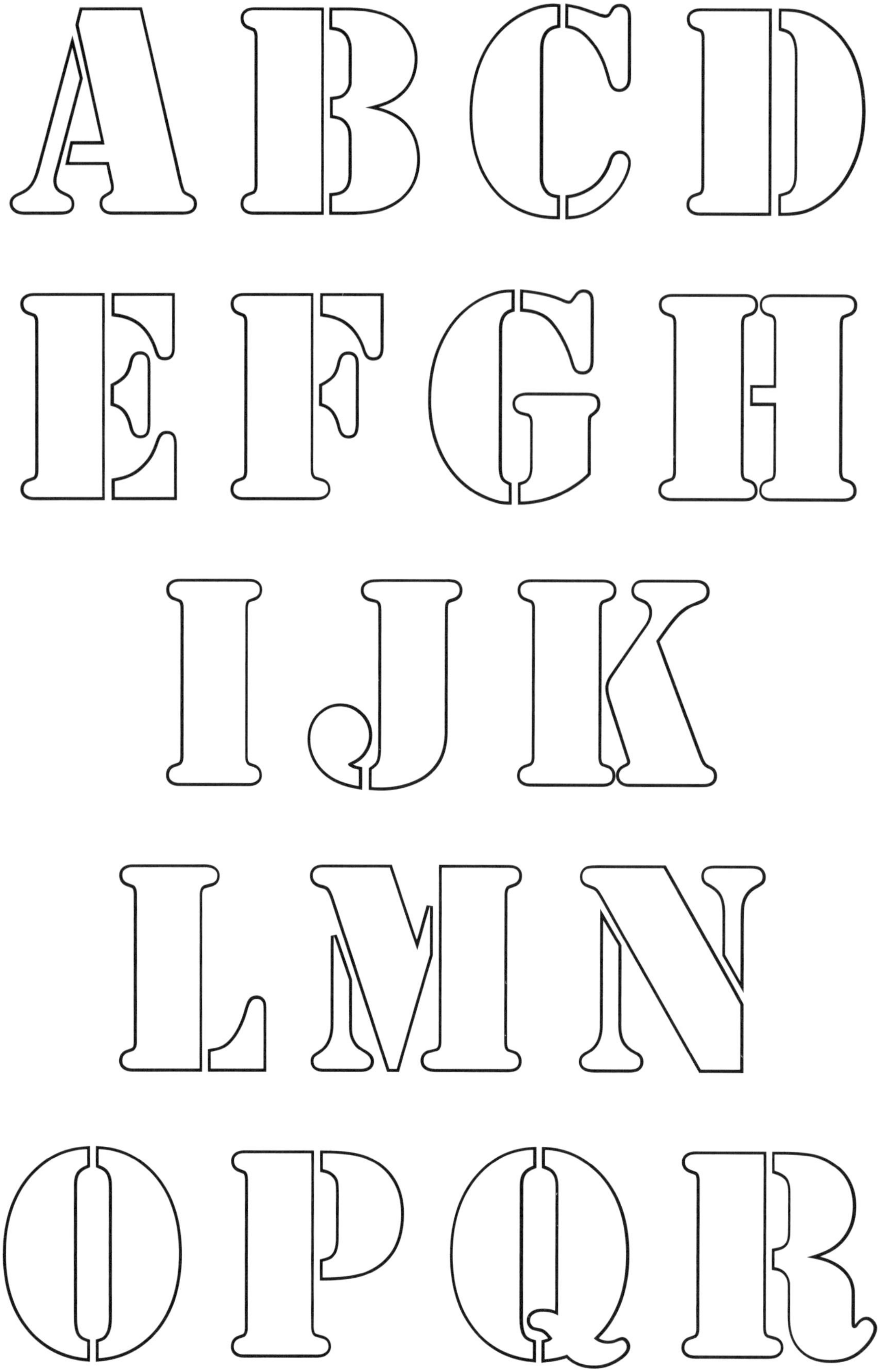
A B C D
E F G H
I J K
L M N
O P Q R

S T U V

W X

Y Z

Gravieren

Material
Gegenstand aus Glas oder Spiegel
Gravurgerät
Weißes Papier und Transparent-Zeichenpapier
Weicher Bleistift (2B), wasserfester Filzstift
Breites Klebeband
Lösungsmittel, Wattestäbchen
Sauberes Stück Stoff

Glas

Den Glasgegenstand gründlich mit warmem Wasser abspülen und mit einem Tuch abtrocknen, damit keine Flusen daran haften. Das Motiv kopieren oder abpausen und an der Stelle, an der die Gravur platziert werden soll, mit Klebeband innen im Glas befestigen. Dahinter noch einen Bogen weißes Papier legen, damit die Vorlage auf dem Transparentpapier gut sichtbar ist. Auch das weiße Papier mit Klebeband fixieren. Die Kontur der Vorlage mit wasserfestem Filzstift außen auf das Glas übertragen. Dann das Transparentpapier und das weiße Papier wieder herausnehmen. Bei dieser Technik ist nicht nur gutes Licht sehr wichtig, sondern auch ein Kontrast, damit man die Arbeit besser sieht. Dazu stellen Sie das zu gravierende Teil auf eine unifarbene, dunkle Fläche. Sie müssen senkrecht auf die Arbeit schauen. Sie sollten die Hand, mit der Sie gravieren, in der Höhe des Motivs (beispielsweise auf einem Buchstapel) abstützen. Beginnen Sie nun mit dem Gravieren.
Mit fortschreitender Arbeit pusten Sie in regelmäßigen Abständen den Staub vom Glas und wischen ihn mit einem sauberen Lappen ab, sonst kann das Gravurgerät abrutschen.
Nach dem Gravieren entfernen Sie die Filzstiftspuren mit einem Wattestäbchen und etwas Lösungsmittel. Sind größere Flächen zu gravieren, dauert die Arbeit entsprechend länger. Mit etwas Geduld schaffen Sie es auch hier, sorgfältig und gleichmäßig zu arbeiten.

Spiegel

Bei Spiegeln pausen Sie das Motiv mit einem weichen Bleistift ab. Drehen Sie das Transparentpapier um, und zeichnen Sie auf der Rückseite die Konturen nach. Legen Sie das Transparentpapier mit der Rückseite auf die zu gravierende Fläche, und fahren Sie ein drittes Mal über die Linien. Da es sich um einen weichen Bleistift handelt, verbleiben auf dem Spiegel Bleistiftreste. Zeichnen Sie die Kontur mit dem wasserfesten Filzstift nach, und gravieren Sie den Spiegel entsprechend der oben angegebenen Gravier-Anleitung.

Kleben und Lackieren

Material zum Kleben und Lackieren
Tapete oder anderes Papier
Zierband
Sprühkleber
Leim
Pinsel
Cutter oder Skalpell
Lineal
Sprühlack in Transparent, matt
Nähnadel
Sauberes Stück Stoff

Kleben

Schneiden Sie das Papier mit dem Skalpell oder Cutter in den Maßen der Unterlage zu. Benutzen Sie dabei ein Lineal, damit die Ränder gerade werden. Legen Sie das Papier mit der Rückseite nach oben auf eine ebene Unterlage. Besprühen Sie es mit Sprühkleber, und legen Sie es auf den zu beklebenden Gegenstand. Drücken Sie es fest an, und schieben Sie die Luftblasen, die sich zwischen dem Untergrund und dem Papier bilden, mit einem Lappen nach außen. Streichen Sie das Papier mit Druck über die Kanten, damit eine saubere Optik entsteht. Stellen Sie nach dem Trocknen noch kleinere Lufteinschlüsse fest, stechen Sie vorsichtig mit einer Nähnadel hinein und streichen alles mit der Hand glatt.
Zierbänder oder Raphiabänder verklebt man mit Leim, der mit dem Pinsel aufgetragen wird.

Lackieren

Mit Lack schützt man die Farbe oder Tapete auf Kleinmöbeln und gibt den Dingen einen matten Glanz. Sobald die Farbe oder Tapete durchgetrocknet ist, besprüht man den Gegenstand vollständig und gleichmäßig mit Sprühlack; das geht schneller, als Lack mit dem Pinsel aufzutragen.

Gläser,
Teller,
Vasen…
und anderes
Geschirr

Karaffe

Anleitung S. 34-35

Windlichter

Anleitung S. 34-35

0
1
2
3

marcel

Weingläser

Anleitung S. 36-37

Schalen

Anleitung S. 38

Vase mit Leinenbezug

Anleitung S. 38-39

Vorratsgläser

Anleitung S. 41

Messzylinder für einzelne Blütenstängel

Anleitung S. 40

PETIT BEURRE

Teller

Anleitung S. 42-43

Runde Vase

Anleitung S. 44-45

Rechteckige Vase

Anleitung S. 46-47

Wassergläser

Anleitung S. 46-47

Windlichter

Material
4 kleine Glaswindlichter
Gravurgerät
Transparent-Zeichenpapier
Weicher Bleistift (2B)
Schere
Wasserfester Filzstift
Breites Klebeband
Lösungsmittel
Wattestäbchen

Pausen Sie die vier Motive von Seite 35 mit dem Bleistift ab. Schneiden Sie sie aus, und kleben Sie sie mit der Vorderseite von innen in die Windlichter. Zeichnen Sie die Konturen auf der Glasaußenseite mit dem wasserfesten Filzstift nach, und gravieren Sie alles nach der Anleitung von Seite 16 ein. Zum Schluss entfernen Sie die Filzstiftlinien mit Lösungsmittel.

Karaffe

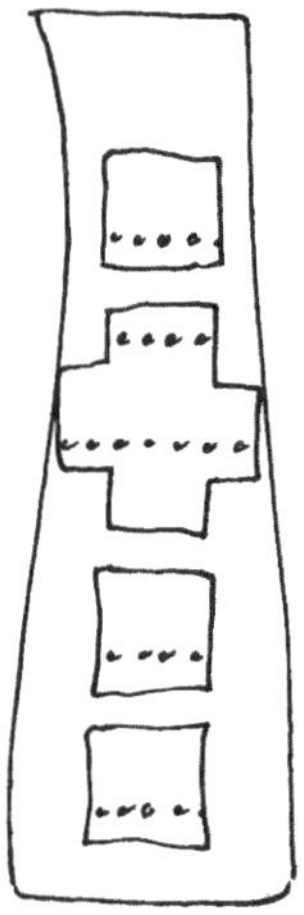

Material
Glaskaraffe oder schlanke Wasserkanne aus Glas
Gravurgerät
Transparent-Zeichenpapier
Weicher Bleistift (2B)
Schere
Wasserfester Filzstift
Breites Klebeband
Lösungsmittel
Wattestäbchen

Pausen Sie das Motiv von Seite 35 mit dem Bleistift ab. Schneiden Sie es aus, und kleben Sie es mit der Vorderseite von innen gegen die Karaffe. Zeichnen Sie die Konturen auf der Glasaußenseite mit dem wasserfesten Filzstift nach, und gravieren Sie alles nach der Anleitung von Seite 16. Zum Schluss entfernen Sie die Filzstiftlinien mit Lösungsmittel.

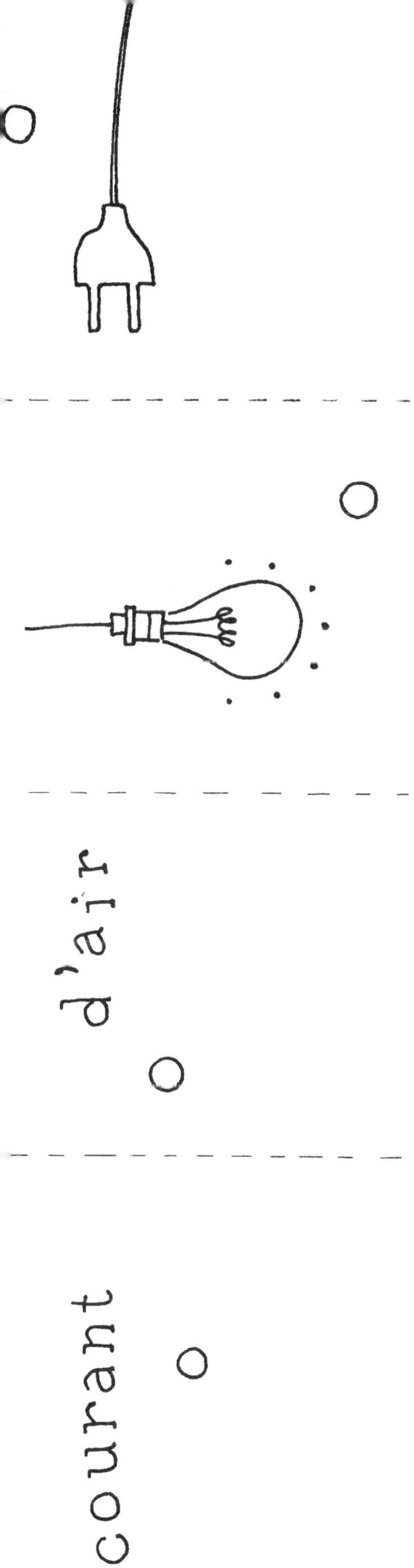

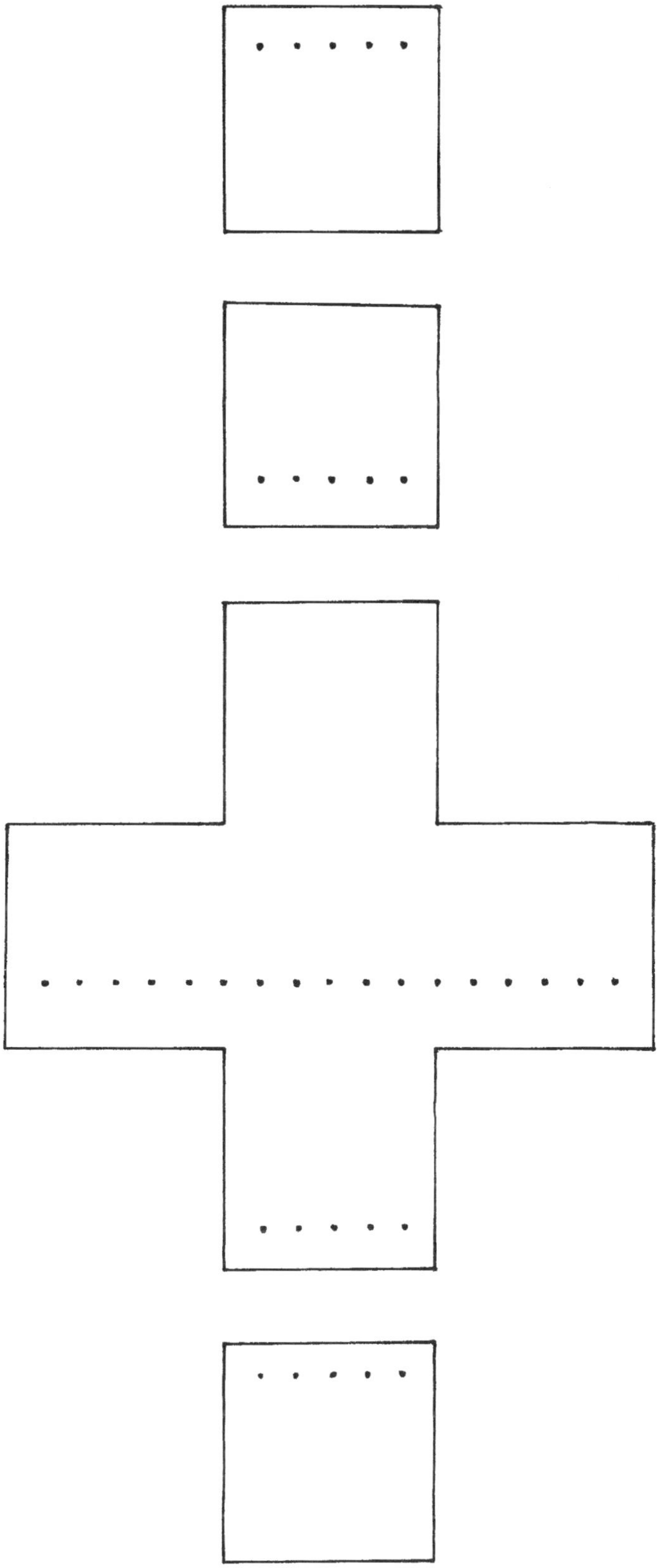

Motive in Originalgröße.

Weingläser

Material
Verschiedene Weingläser
Gravurgerät
Transparent-Zeichenpapier
Weicher Bleistift (2B)
Schere
Wasserfester Filzstift
Breites Klebeband
Lösungsmittel
Wattestäbchen

Pausen Sie die gewünschten Buchstaben für einen Vornamen oder ein Monogramm von den Seiten 36 und 37 mit dem Bleistift ab. Schneiden Sie sie aus, und kleben Sie sie mit dem Schriftzug von innen gegen das Glas. Zeichnen Sie die Konturen der Buchstaben auf der Glasaußenseite mit dem wasserfesten Filzstift nach, und gravieren Sie sie nach der Anleitung von Seite 16.
Zum Schluss entfernen Sie die Filzstiftlinien mit Lösungsmittel.

A B C D E F G H I J K L M N
O P Q R S T U V W X Y Z

a b c d e f g h i j k l m n
o p q r s t u v w x y z

Alphabet in Originalgröße.

Alphabet und Monogramme in Originalgröße.

Schalen

Material
Weiße Porzellanschalen und verschiedene Teller
Porzellanmalfarbe in Blauviolett
Feine Aufsteckspitze
Wasserfester Filzstift
Klebeband, 2 cm breit
Lösungsmittel
Wattestäbchen

Befestigen Sie das Klebeband innen rund um die Schalenwand; es dient beim Zeichnen der Punkte als Hilfslinie. Malen Sie mit wasserfestem Filzstift in regelmäßigen, aber nicht zu engen Abständen entlang des Klebebands Punkte auf, und entfernen Sie dann das Band wieder. Malen Sie auch auf die Teller an einer beliebigen Stelle mit dem Filzstift einen Punkt. Setzen Sie die feine Spitze auf die Farbtube, und zeichnen Sie auf die Filzstiftpunkte kleine violette Punkte. Nach der Anleitung von Seite 13 einbrennen. Danach lassen Sie die Teile abkühlen und entfernen zum Schluss die Filzstiftspuren mit Lösungsmittel.

Vase mit Leinenbezug

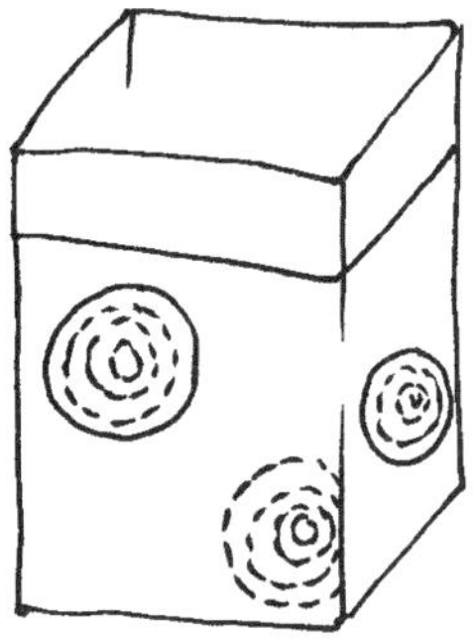

Material
Rechteckige Vase
Naturleinen
1 Strang Sticktwist in Marineblau
Schere und Sticknadel
Stecknadeln
Metermaß

Messen Sie die Höhe und den Umfang der Vase. Übertragen Sie die Maße auf das Leinen, und geben Sie rundum eine Nahtzugabe von 1 cm hinzu. Schneiden Sie das Stoffrechteck und nach der nebenstehenden Vorlage zwei Kreise aus Leinen zu. Für den oberen und unteren Saum das Rechteck oben und unten 1 cm breit umschlagen und bügeln. Nähen sie nun mit zwei Fäden des Sticktwists in Blau mit Vorstichen gemäß der Vorlage den Saum an. Die Kreise wie abgebildet auf das Leinenrechteck stecken. Darauf mit Vorstichen konzentrische Kreise unterschiedlicher Durchmesser durch beide Stofflagen sticken.
Zum Schließen des Vasenbezugs schlagen Sie den Stoff an beiden Schmalseiten 1 cm breit um und bügeln die Umschläge. Nähen Sie nun beide Kanten mit Vorstich knappkantig zusammen. Nun brauchen Sie den Bezug nur noch zu wenden und die Vase hineinzuschieben.

Motiv in Originalgröße.

Messzylinder für einzelne Blütenstängel

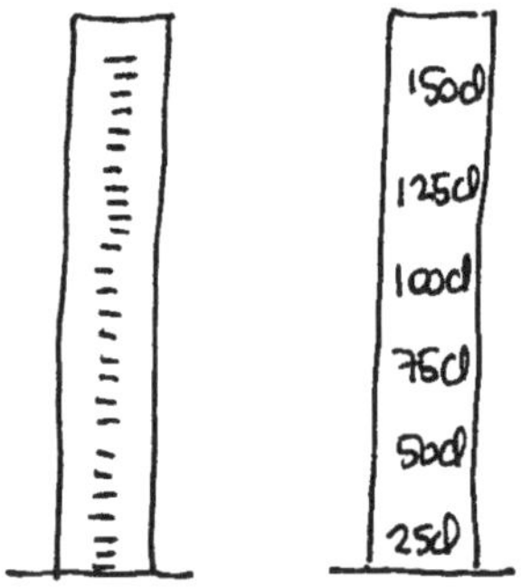

Material
2 Messzylinder
Gravurgerät
Transparent-Zeichenpapier
Weicher Bleistift (2B)
Schere
Wasserfester Filzstift
Breites Klebeband
Lösungsmittel
Wattestäbchen

Pausen Sie die nebenstehenden Motive mit dem Bleistift ab. Schneiden Sie sie aus, und kleben Sie sie mit dem Schriftzug von innen gegen die Messzylinder. Zeichnen Sie die Konturen auf der Glasaußenseite mit dem wasserfestem Filzstift nach und gravieren sie nach der Anleitung von Seite 16. Zum Schluss entfernen Sie die Filzstiftlinien mit Lösungsmittel.

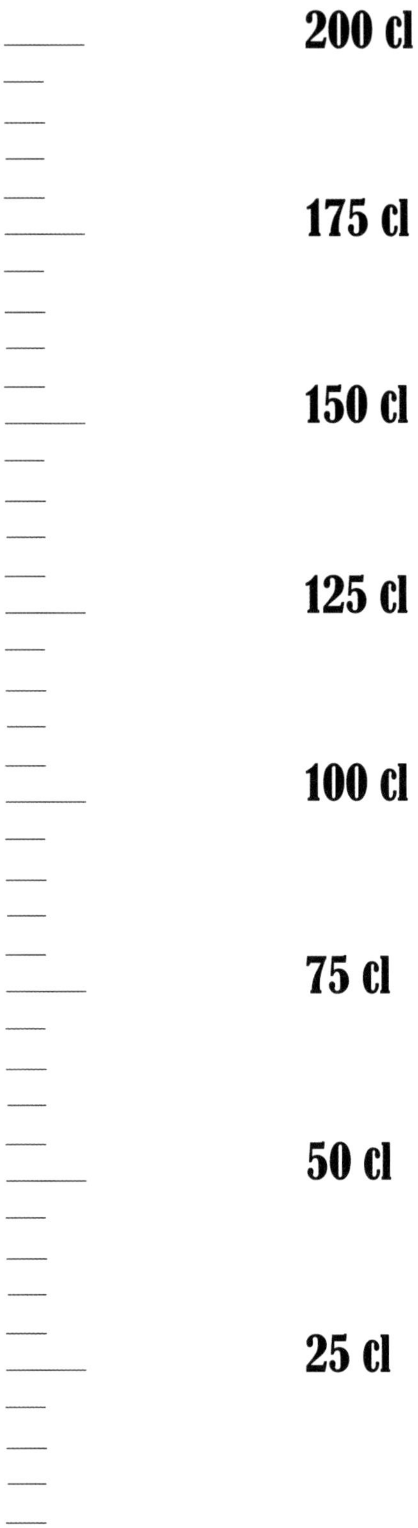

Motive in Originalgröße.

Vorratsgläser

Material
Vorratsgläser
Baumwolle in Ecru
1 Strang Sticktwist in Mauve (Rotviolett)
Schere und Sticknadel
Blau- und Transparent-Zeichenpapier
Weicher Bleistift (2B)

Schneiden Sie für handelsübliche Vorratsgläser Rechtecke aus naturfarbener Baumwolle von 10 x 37 cm zu, oder passen Sie die Stoffbreite Ihren Gläsern entsprechend an. Übertragen Sie das unten abgebildete Muster nach der Anleitung von Seite 8 auf den Stoff. Sticken Sie die Form des Butterkekses mit zwei Fäden des Sticktwists in Mauve mit Stielstichen und die Punkte mit Knötchenstich (vgl. S. 9) auf.
Legen Sie den Stoff an den Rändern so aneinander, dass ein Schlauch entsteht, und schließen Sie die Naht mit Festonstich. Lassen Sie den oberen und unteren Stoffrand unversäubert, und fransen Sie ihn etwa 1 cm breit aus. Schieben Sie das Glas in seinen Bezug.

Motiv in Originalgröße.

Teller

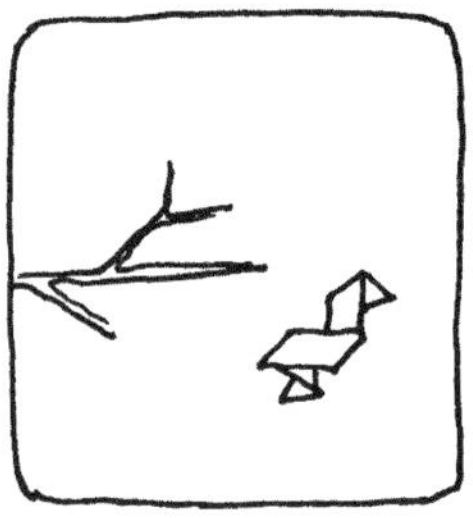

Material
Weiße eckige Porzellanteller
Porzellanmalfarbe in Maronenbraun und Blauviolett
Feine Aufsteckspitze
Transparent-Zeichenpapier
Weicher Bleistift (2B)
Wasserfester Filzstift
Lösungsmittel

Vergrößern Sie die nebenstehenden Motive auf dem Kopierer auf 240 %, und pausen Sie sie anschließend mit dem Bleistift ab. Drehen Sie dann das Transparentpapier um, und zeichnen Sie die Striche nach. Legen Sie das Transparentpapier mit dieser Seite auf einen Teller, und zeichnen Sie das Muster ein drittes Mal mit dem Bleistift nach. Auf dem Teller drückt sich dadurch eine leichte Bleistiftlinie durch, die anschließend mit dem wasserfesten Filzstift nachgezogen wird. Verfahren Sie so mit allen Tellern.
Setzen Sie die feine Aufsteckspitze auf die braune Farbtube, und fahren Sie die Filzstiftlinien mit der Porzellanfarbe noch einmal nach.
Sind sämtliche Konturen mit brauner Farbe nachgezeichnet, reinigen Sie die Aufsteckspitze gründlich und setzen sie dann auf die violette Farbtube. Zeichnen Sie nach Wunsch zusätzlich die Henne freihändig mit violetter Farbe. Alles trocknen lassen und die Teller nach der Anleitung von Seite 13 brennen. Danach lassen Sie die Teile abkühlen und entfernen die Filzstiftspuren mit Lösungsmittel.

Motive auf 240 % vergrößern.

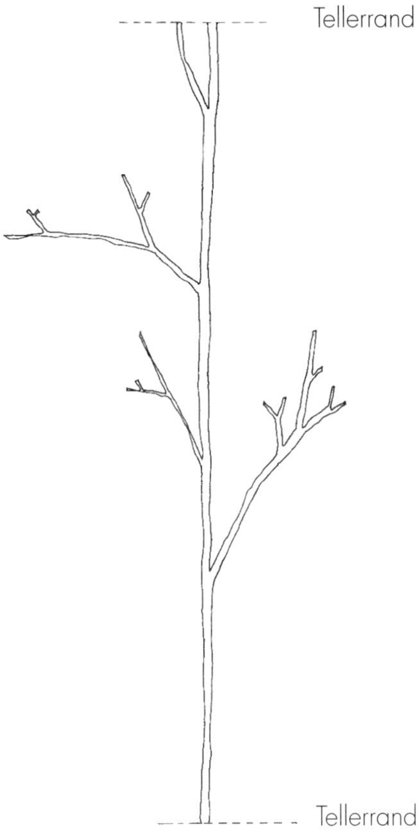

Motiv 1

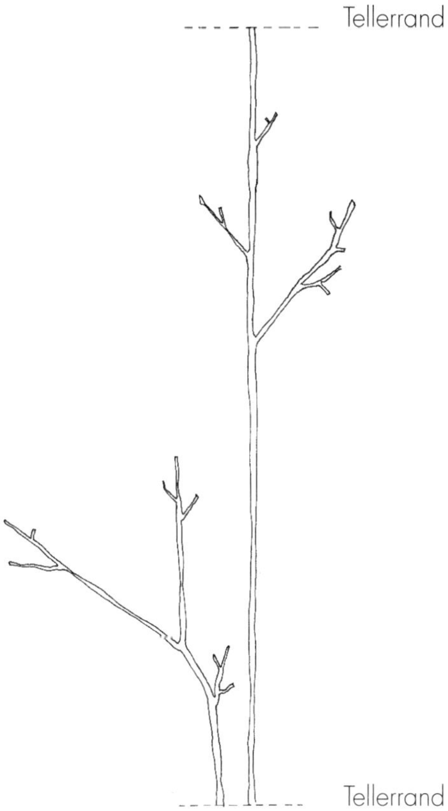

Motiv 2

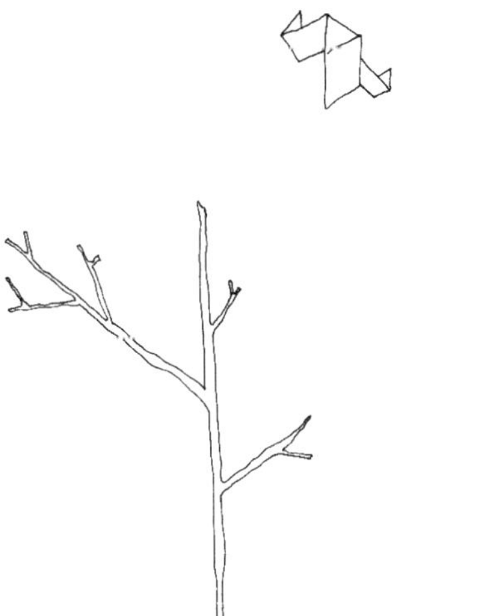

Motiv 3

Runde Vase

Material
Runde Glasvase
Gravurgerät
Schere
Wasserfester Filzstift
Breites Klebeband
Lösungsmittel
Wattestäbchen

Vergrößern Sie die nebenstehenden Motive auf 130 %. Schneiden Sie sie aus, und kleben Sie sie mit der Vorderseite von innen gegen das Vaseninnere. Zeichnen Sie die Linien auf der Glasaußenseite mit dem wasserfesten Filzstift nach, und gravieren Sie alles nach der Anleitung von Seite 16. Zum Schluss entfernen Sie die Filzstiftspuren mit Lösungsmittel.

Motive auf 130 % vergrößern.

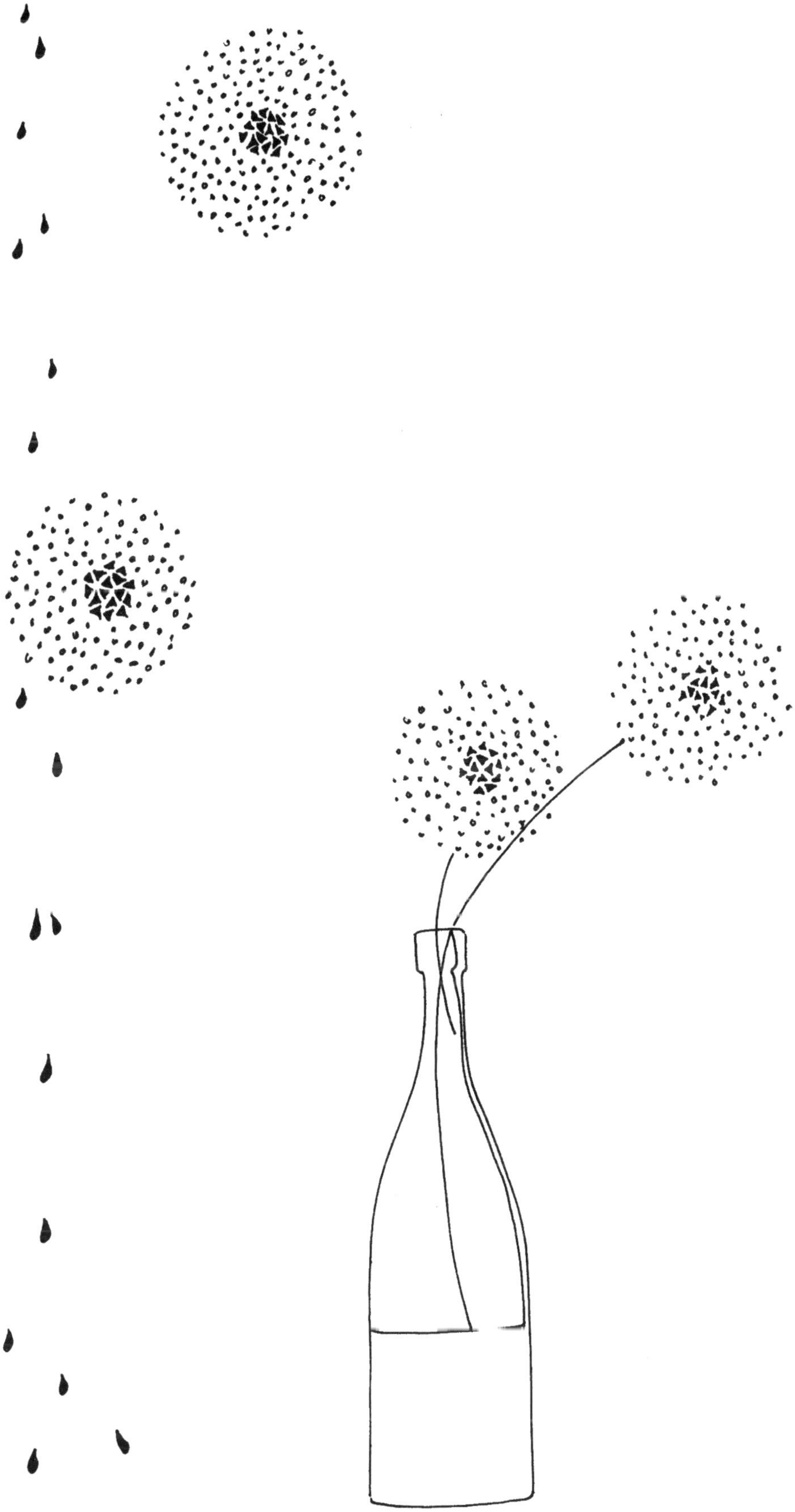

Rechteckige Vase

Material
Rechteckige Glasvase
Gravurgerät
Transparent-Zeichenpapier
Weicher Bleistift (2B)
Schere
Wasserfester Filzstift
Breites Klebeband
Lösungsmittel
Wattestäbchen

Pausen Sie das nebenstehende Motiv mit Bleistift ab. Schneiden Sie es aus, und kleben Sie es mit der Vorderseite von innen gegen das Vaseninnere. Zeichnen Sie die Linien auf der Glasaußenseite mit dem wasserfestem Filzstift nach, und gravieren Sie alles nach der Anleitung von Seite 16. Zum Schluss entfernen Sie die Filzstiftspuren mit Lösungsmittel.

Wassergläser

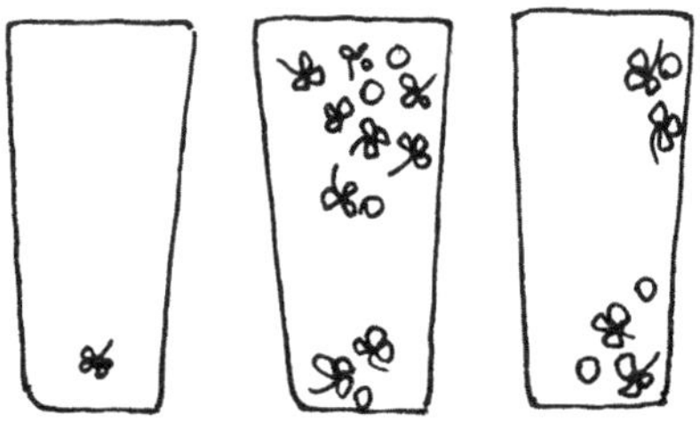

Material
Wassergläser
Gravurgerät
Schere
Wasserfester Filzstift
Breites Klebeband
Lösungsmittel
Wattestäbchen

Vergrößern Sie eines der nebenstehenden Motive auf 160 %. Schneiden Sie es aus, und kleben Sie es mit der Vorderseite von innen in eines der Wassergläser. Zeichnen Sie die Linien auf der Glasaußenseite mit dem wasserfesten Filzstift nach, und gravieren Sie alles nach der Anleitung von Seite 16. Zum Schluss entfernen Sie die Filzstiftspuren mit Lösungsmittel. Verfahren Sie so auch bei den anderen Gläsern.

Motiv in Originalgröße.

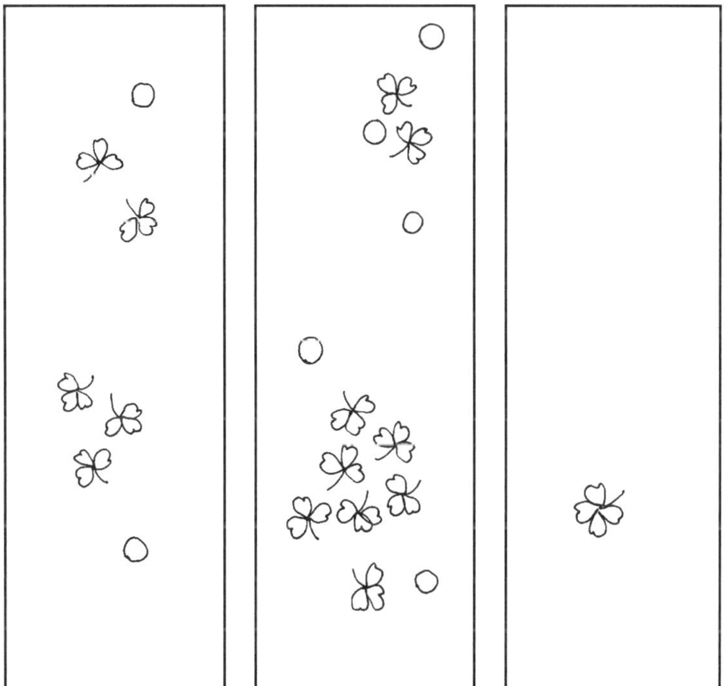

Motive auf 160 % vergrößern.

Noch mehr Ideen

für Gläser, Teller, Vasen …
und anderes Geschirr

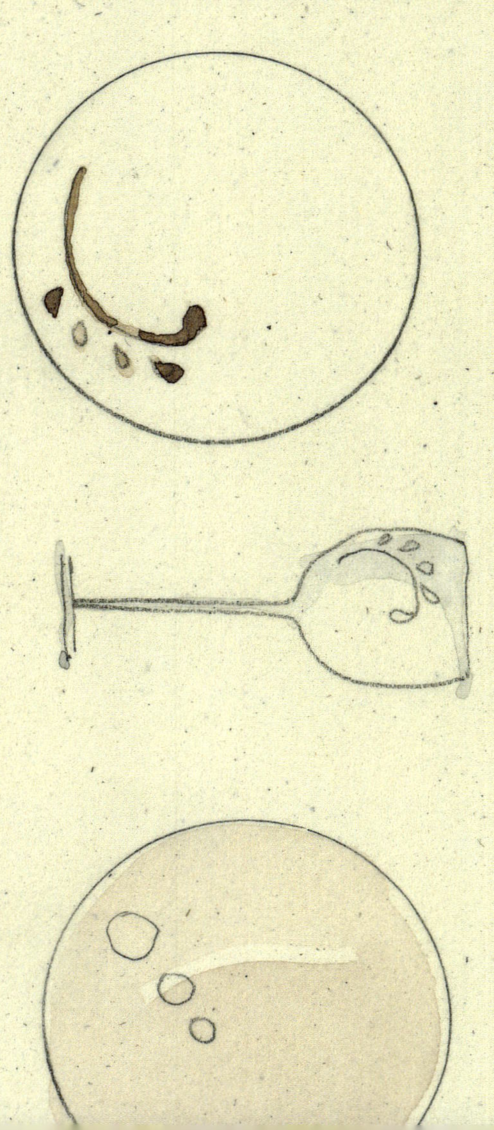

chine
stella
Pot
de......

Decken, Bettbezüge, Vorhänge ... und anderes aus Stoff

Raffrollo

Anleitung S. 70

Plaid

Anleitung S. 71

life

Kissen

Anleitung S. 72-75

72%
EXTRA PUR
72%
EXTRA PUR

Badetücher

Anleitung S. 76

Plaid 33

Anleitung S. 77

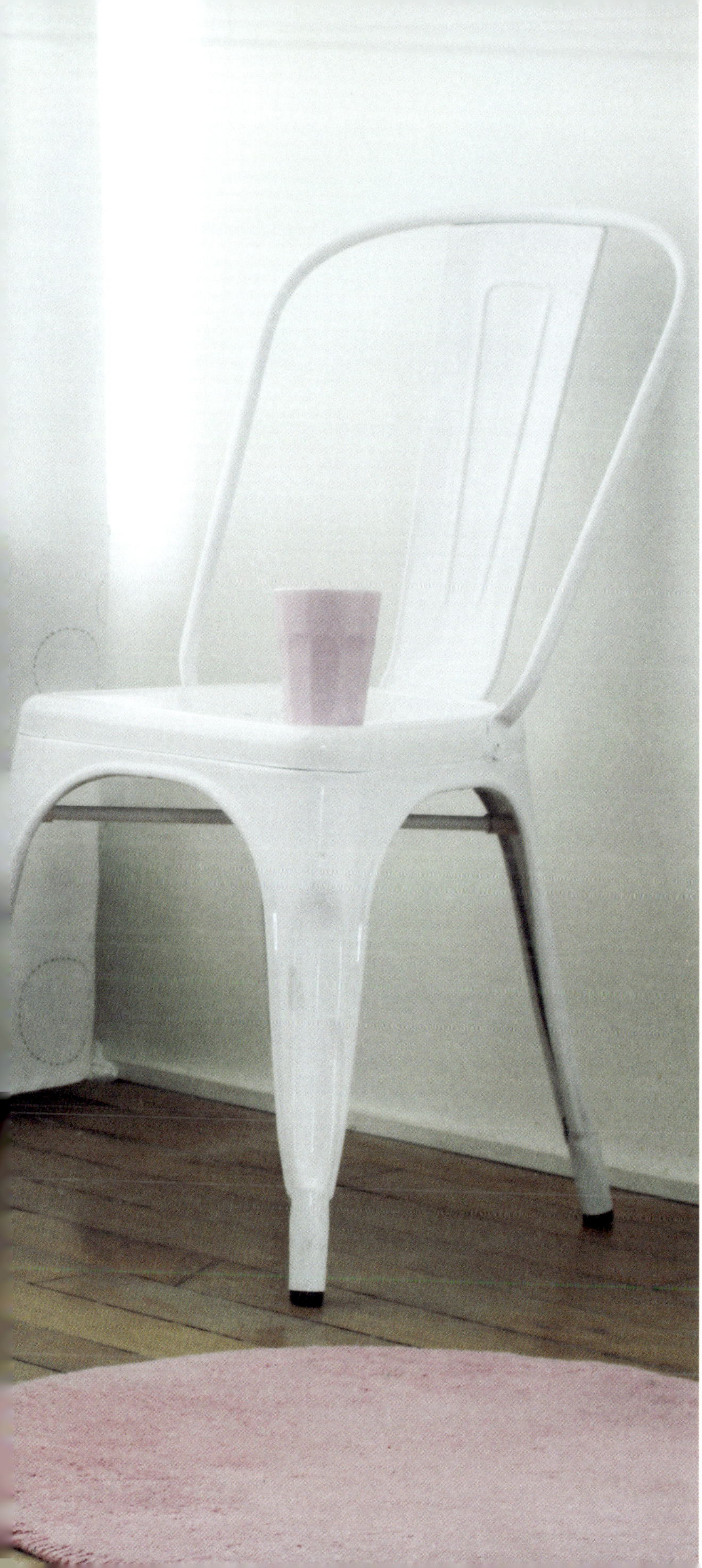

Vorhänge

Anleitung S. 78-79

Tischdecke und Servietten

Anleitung S. 80-83

Bettwäsche für 2 Personen

Anleitung S. 84-85

Servietten

Anleitung S. 84

Stuhlhussen

Anleitung S. 86-89

Bettwäsche für Mädchen

Anleitung S. 90-91

Geschirrtücher

Anleitung S. 92

Bettwäsche für Jungen

Anleitung S. 93

Raffrollo

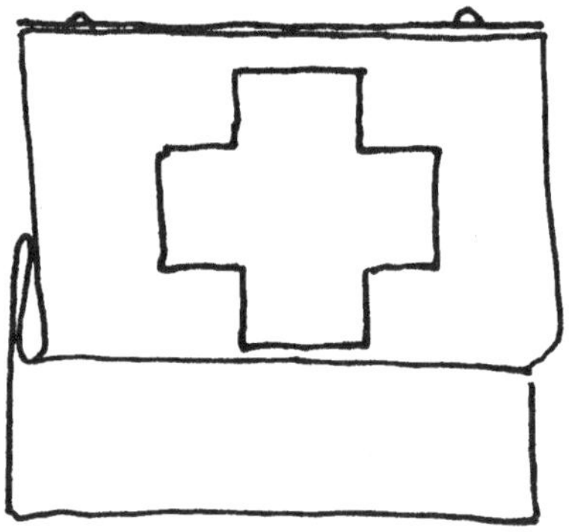

Material
Raffrollo aus Baumwolle in Ecru
Blau- und Transparent-Zeichenpapier
Weicher Bleistift (2B)
Stoffmalfarbe in Rot
Breiter Pinsel
1 Strang Sticktwist in Rot, passend zur Stoffmalfarbe
Schere und Sticknadel
Küchenkrepp, Bügeleisen
Sauberes Stück Stoff

Vergrößern Sie das unten abgebildete Kreuz auf 150 %, und übertragen Sie es nach der Anleitung von Seite 8 auf das obere Ende des Raffrollos. Legen Sie Küchenkrepp unter den Stoff, um überschüssige Farbe beim anschließenden Bemalen aufzusaugen.
Malen Sie das Innere des Kreuzes mit roter Stoffmalfarbe aus, und lassen Sie die Farbe trocknen. Ein sauberes Tuch auf das Kreuz legen und zum Fixieren der Farbe 5 Minuten lang bügeln. Anschließend sticken Sie Vorstiche mit zwei Fäden in Rot rund um das Kreuz im Abstand von 3 mm. Danach zusätzlich eine umlaufende Linie aus Vorstichen in Rot 1 cm vom Rand des Raffrollos entfernt aufsticken.

Motiv auf 150 % vergrößern.

Plaid

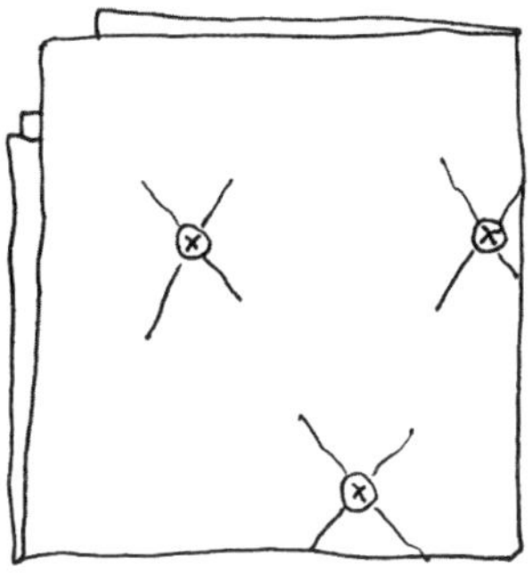

Material
Babydecke
Baumwoll-Stoff in Ecru (in der Größe der Decke zuzügl. 2 cm Nahtzugabe)
Fleece in Ecru (in der Größe der Decke zuzügl. 2 cm Nahtzugabe)
8 Perlmuttknöpfe
Naturfarbenes Garn
Schere und Nähnadel
Stecknadeln
Nähmaschine

Legen Sie das Baumwoll- und das Fleece-Rechteck rechts auf rechts aufeinander. Nähen Sie die beiden Stücke mit der Nähmaschine rundherum bis auf eine 20 cm breite Öffnung zusammen. Wenden Sie das Teil und schieben Sie die Babydecke hinein. Anschließend die Öffnung mit kleinen Stichen von Hand zunähen. Nach dem unten abgebildeten Muster Stecknadeln an den Stellen anbringen, an denen die Knöpfe platziert werden sollen. Die Perlmuttknöpfe durch drei Schichten hindurch fest annähen.

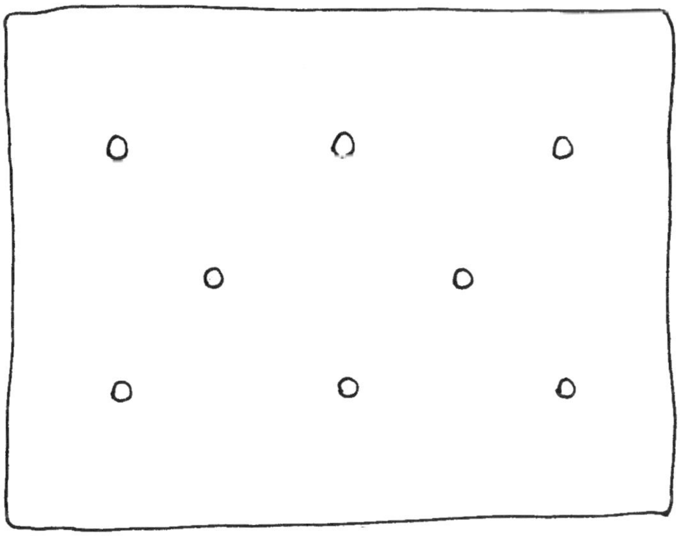

Anordnung der Knöpfe.

Kissen

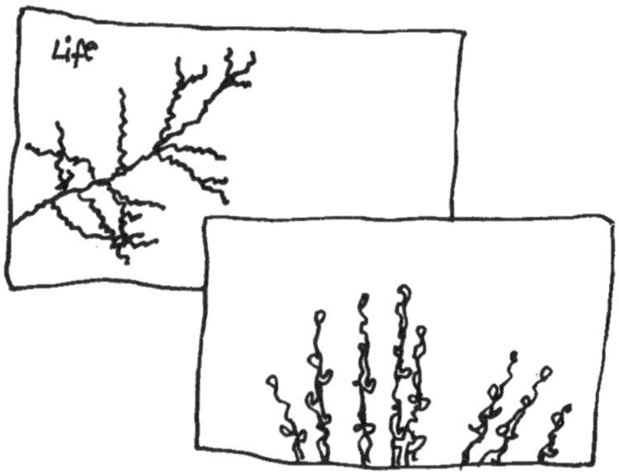

Material
Zwei Kissenbezüge
Stoffmalfarbe in Sckokoladenbraun und Khaki
Feiner Pinsel
Buchstabenstempel
Blau- und Transparent-Zeichenpapier
Weicher Bleistift (2B)
Küchenkrepp, Bügeleisen
Sauberes Stück Stoff

Vergrößern Sie das nebenstehende Motiv auf 500 % und das der Seiten 74 und 75 auf 270 %. Übertragen Sie die Motive nach der Anleitung von Seite 8 auf die Kissenbezüge. Legen Sie in den Kissenbezug eine Lage Küchenkrepp, um überschüssige Stoffmalfarbe beim anschließenden Bemalen aufzusaugen. Tragen Sie die Motive mit einem feinen Pinsel auf.
Auf eines der Kissen drucken Sie mit den in Textilfarbe getauchten Buchstabenstempeln das Wort „Life" (oder ein anderes Wort). Sie können das Wort entweder ganz in Braun oder Khaki oder auch die einzelnen Buchstaben mit verschiedenen Farben gestalten. Trocknen lassen, ein sauberes Tuch auf die Motive legen und zum Fixieren der Farbe sorgfältig trocken bügeln.

Motiv auf 500 % vergrößern.

life

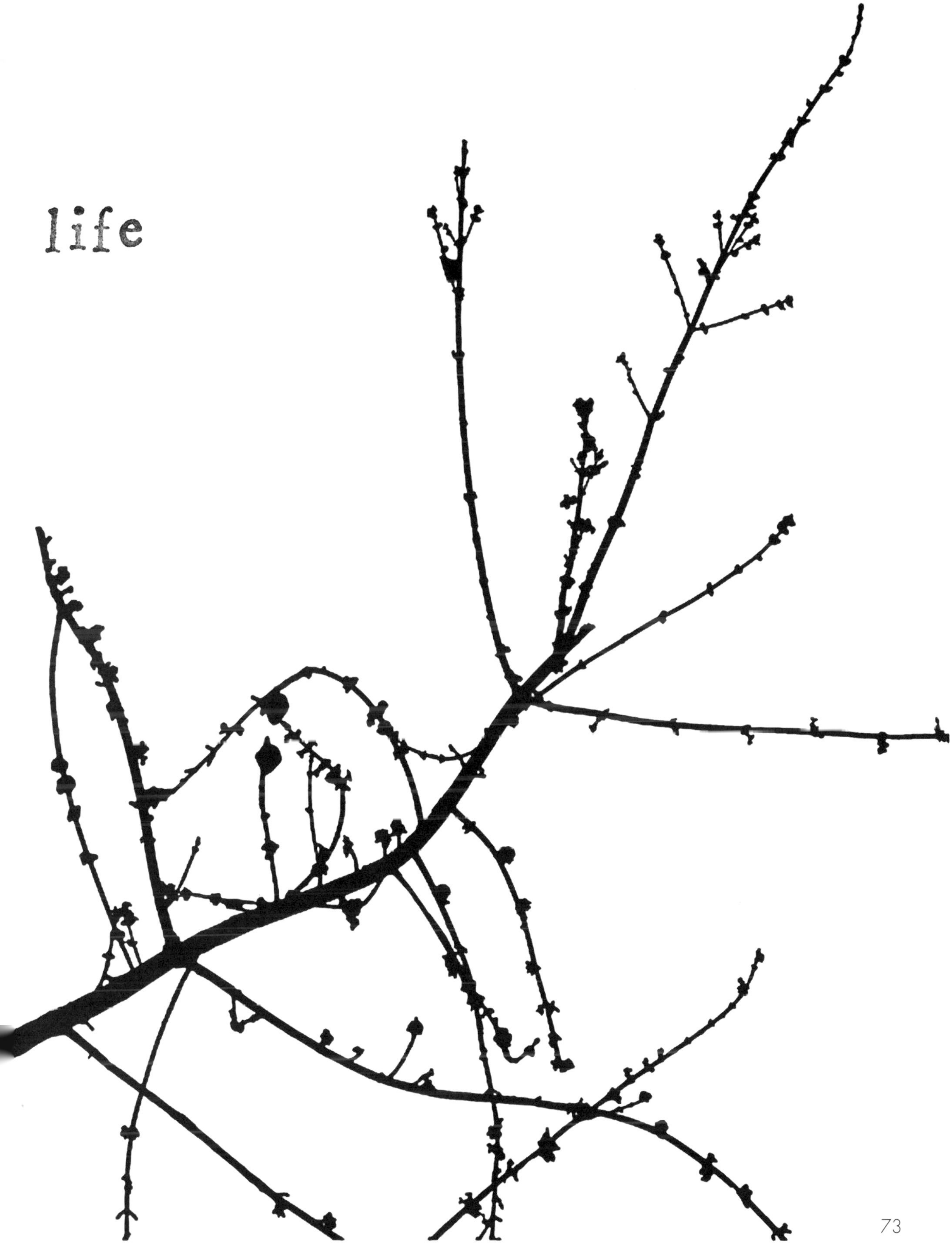

Motiv auf 270 % vergrößern.

Badetücher

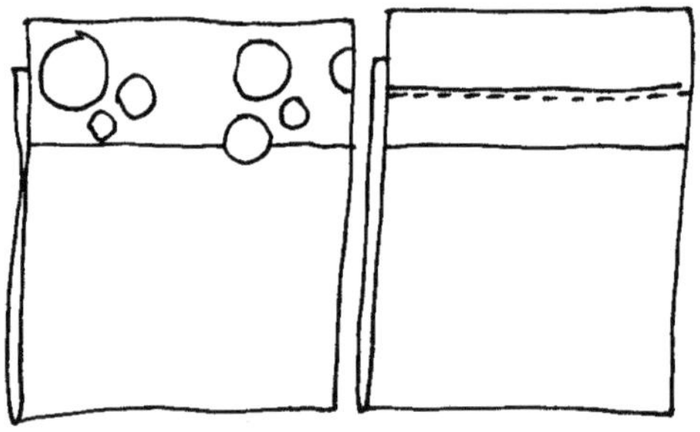

Material
2 Frotteehandtücher in Weiß
Bedruckte Stoffreste
Sticktwist, passend zu den Stoffresten
Nähgarn in Weiß
Schere
Stick- und Nähnadel
Stecknadeln

Für das Seifenblasentuch schneiden Sie aus Stoffresten verschieden große Kreise zu. Nehmen Sie dazu entweder zwei oder drei kleine Gläser mit unterschiedlichem Durchmesser oder die unten abgebildeten Vorlagen als Schablonen. Schlagen Sie die Kreise rundherum ca. 0,5 cm ein, und bügeln Sie diesen Umschlag. Nun die Scheiben nach dem vorgeschlagenen Muster auf dem Badetuch anordnen, feststecken und mit kleinen Stichen von Hand aufnähen. Dann sticken Sie 2 cm vom Rand des Frotteetuchs entfernt mit zwei Fäden des Sticktwists über die gesamte Breite eine Linie aus Vorstichen.
Für das zweite Badetuch schneiden Sie aus bedrucktem Stoff einen 5 cm breiten Streifen in der Größe des Badetuchs (zuzüglich 1 cm Nahtzugabe) zu. Schlagen Sie ihn rundherum ca. 0,5 cm ein, und bügeln Sie diesen Umschlag. Nun den Streifen 2 cm vom Rand entfernt feststecken und mit kleinen Stichen von Hand annähen.

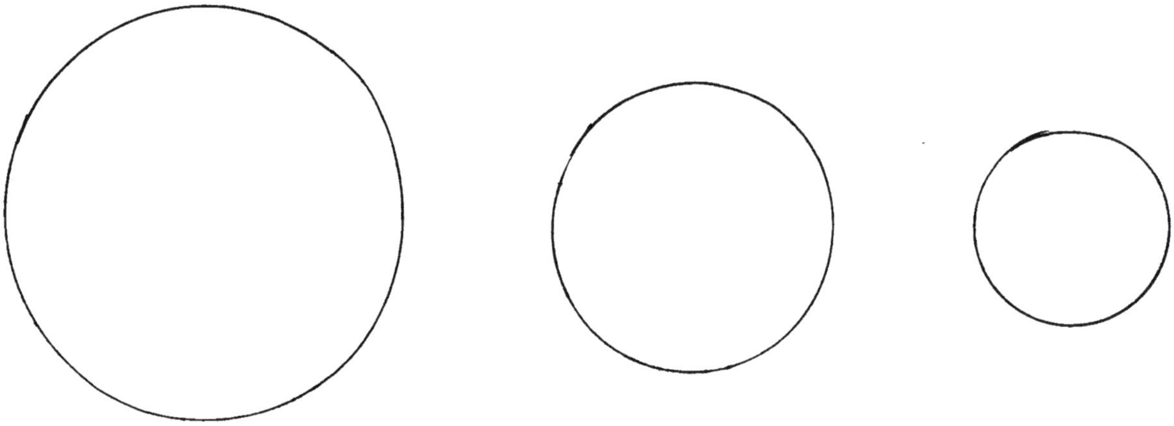

Motive in Originalgröße.

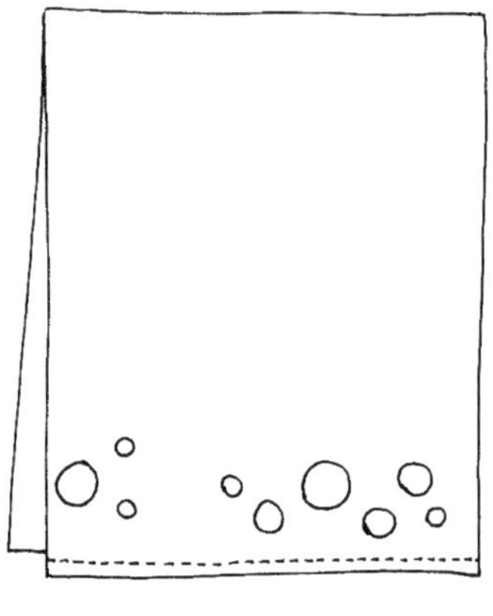

Anordnung der Seifenblasen.

Plaid 33

Material
Wollplaid in Ecru
1 Strang Sticktwist in Violettbraun
Schere
Sticknadel
Blau- und Transparent-Zeichenpapier
Weicher Bleistift (2B)

Vergrößern Sie auf einem Kopierer die unten abgebildete Zahl „33" auf 200 %, und übertragen Sie sie nach der Anleitung von Seite 8 auf eine Ecke des Plaids. Sticken Sie die Kontur der Zahlen mit Vorstich und zwei Fäden des Sticktwists in Violettbraun. Die Stiche sollten recht groß ausfallen, so dass zwei Stiche auf etwa 2 cm kommen.
Sticken Sie unter der Zahl über die gesamte Breite der Decke mit Vorstich zwei Linien im Abstand von 4 cm.

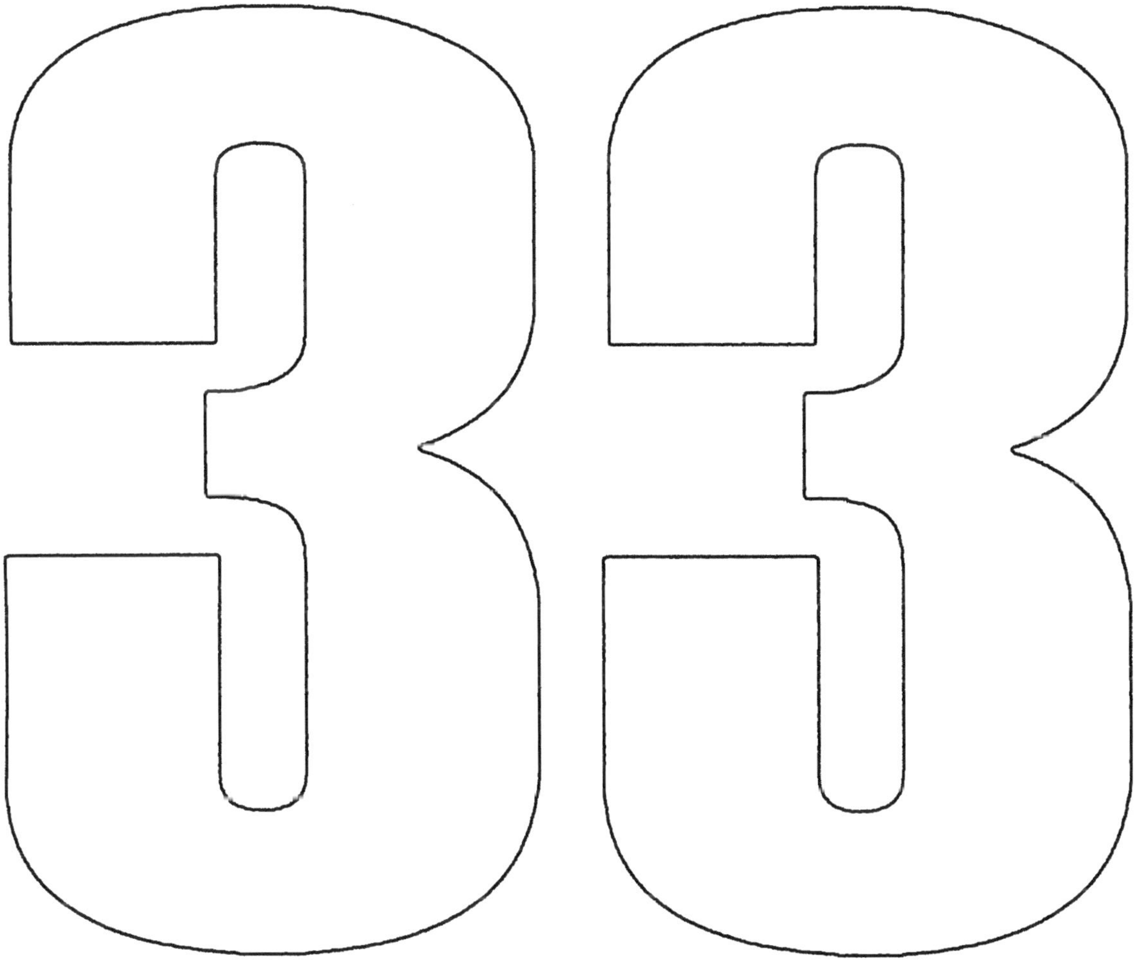

Motiv auf 200 % vergrößern.

Vorhänge

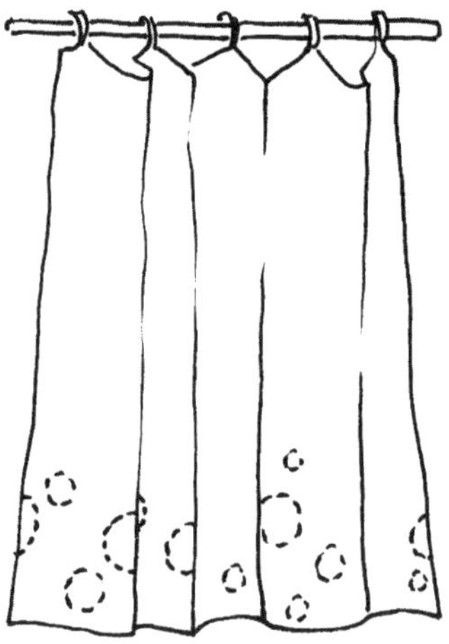

Material
1 Paar Baumwollvorhänge in Weiß
1 Strang Sticktwist in Schokoladenbraun
Schere
Sticknadel
Dünner Karton
Transparent-Zeichenpapier
Weicher Bleistift (2B)
Phantomstift

Vergrößern Sie die nebenstehenden Kreise auf 120 %, pausen Sie sie ab, und übertragen Sie sie auf den Karton, um Schablonen zu erhalten. Zeichnen Sie sie gemäß dem vorgeschlagenen Muster mit Phantomstift unten auf die Vorhänge. Sticken Sie die Kreiskonturen mit zwei Fäden des Sticktwists in Schokoladenbraun mit Vorstichen. Der Markierstift verschwindet nach einigen Stunden von selbst.

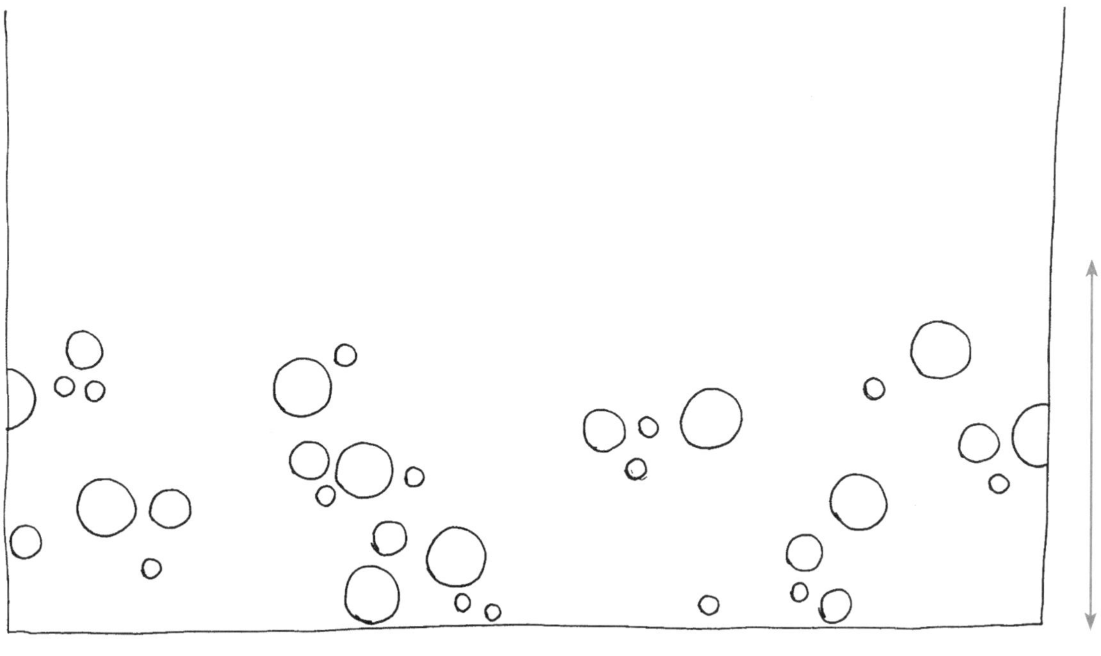

Den unteren Vorhangrand etwa 70 cm hoch besticken.

Anordnung der Kreise.

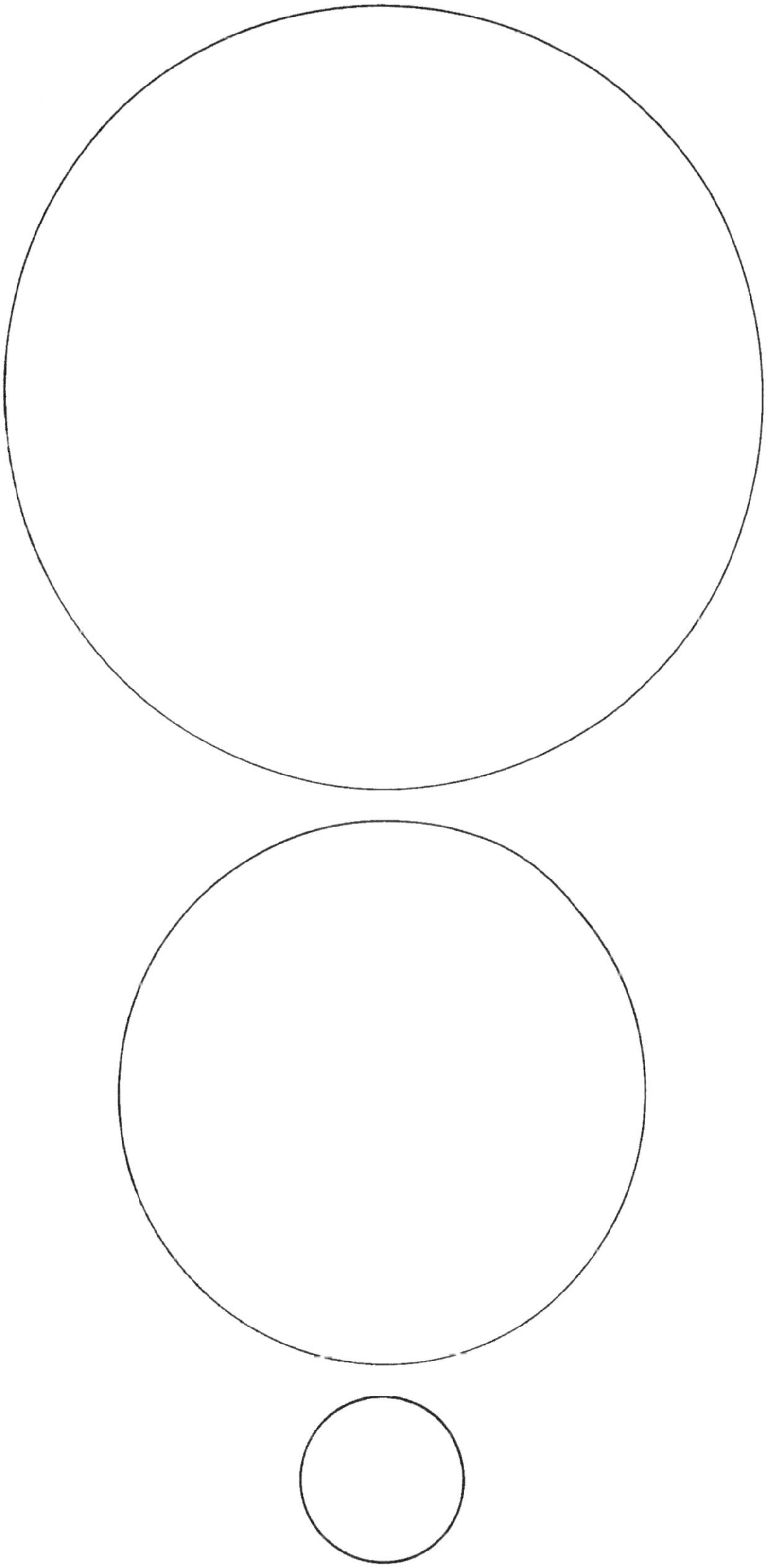

Motive auf 120 % vergrößern.

Tischdecke und Servietten

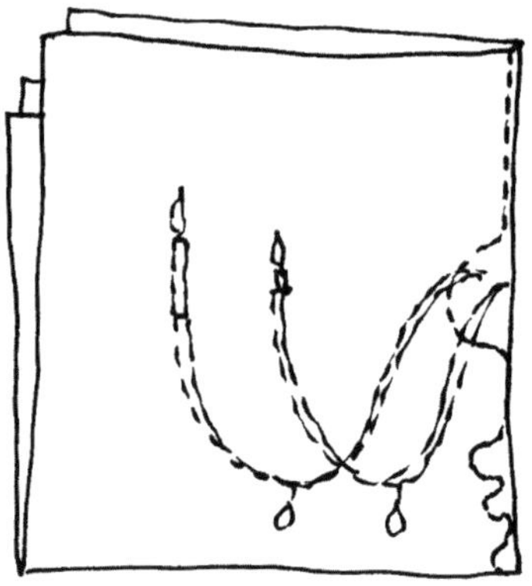

Material

Leinentischdecke und 4 passende Servietten in Taupe (Grauviolett)
2 Stränge Sticktwist in Schwarz
Schere
Sticknadel
Transparent-Zeichenpapier
Weicher Bleistift (2B)
Phantomstift

Die unten und gegenüber abgebildeten Motive abpausen und mit Phantomstift auf die vier Servietten übertragen. Dabei das Motiv 1 einmal wie vorgegeben und einmal spiegelbildlich übertragen.
Die auf den Seiten 82 und 83 abgebildete Vorlage mit dem Kopierer auf 120 % vergrößern. Mit Bleistift abpausen und nach der Anleitung von Seite 8 mittig auf die Tischdecke übertragen. Dann die Kontur der Motive mit zwei Fäden des Sticktwists in Schwarz und Vorstichen aufsticken.

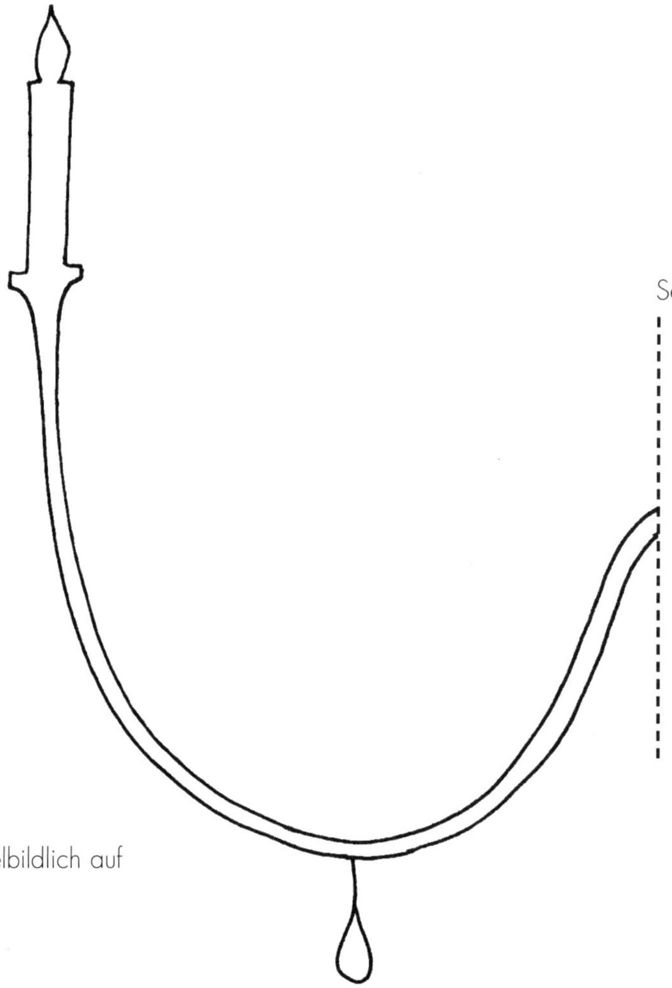

Motive 1 (und 2)
Für Motiv 2 diese Vorlage spiegelbildlich auf den Stoff übertragen.

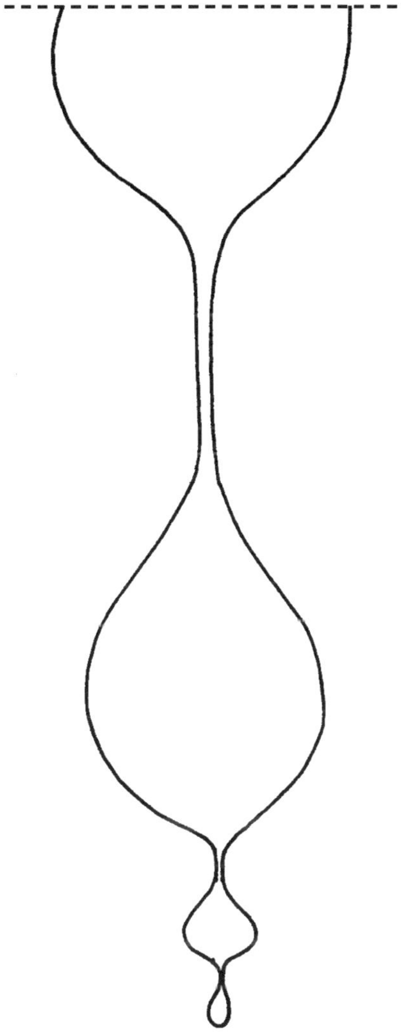

Motiv 3

Motiv 4

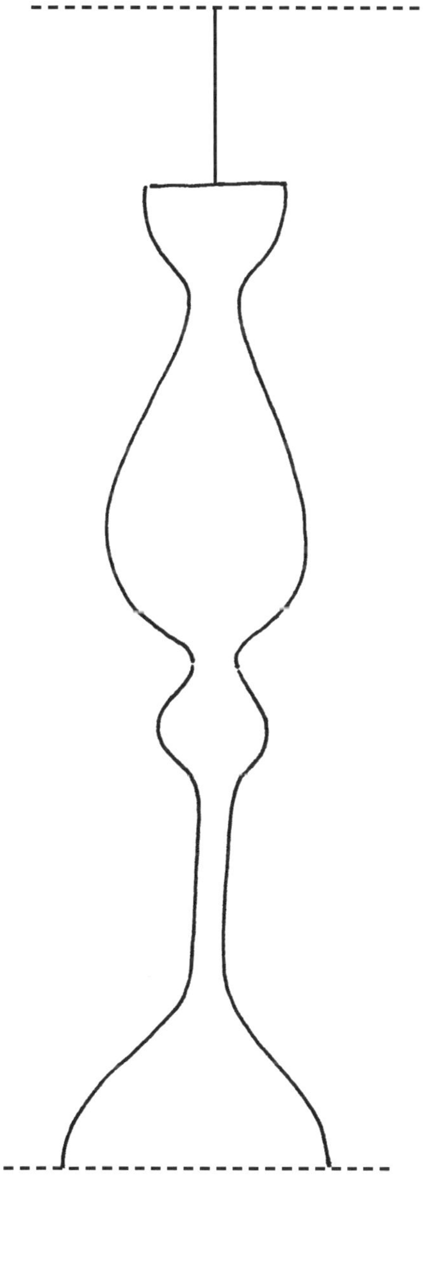

Motive in Originalgröße.

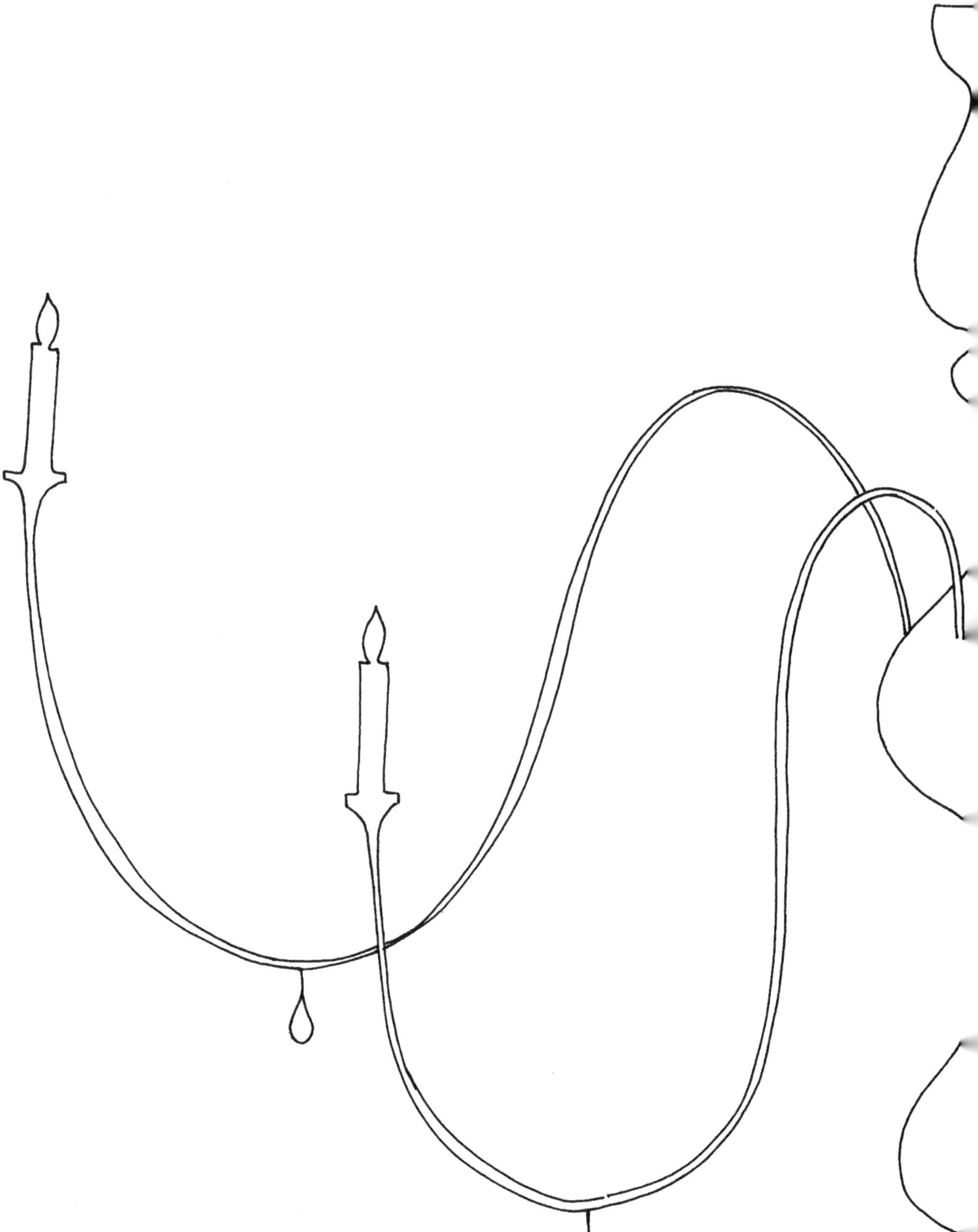

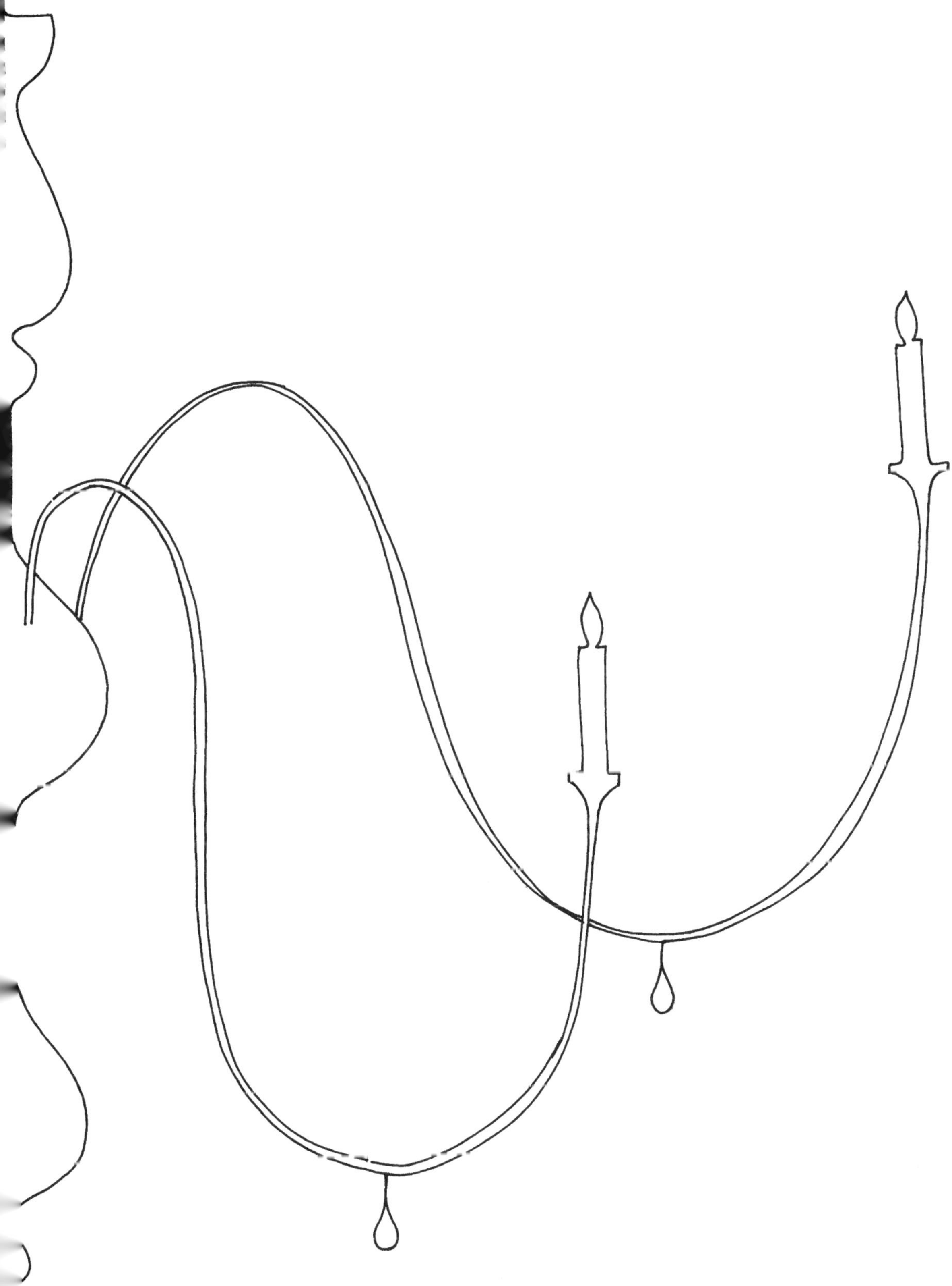

Motiv auf 120 % vergrößern.

Bettwäsche für 2 Personen

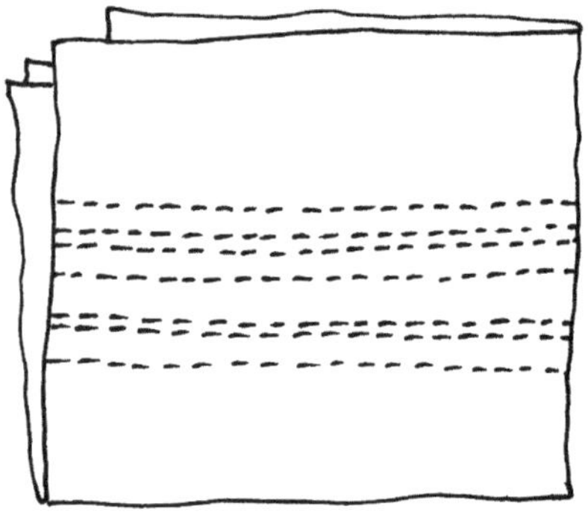

Material
2 Bettbezüge aus Baumwolle in Weiß
2 Kopfkissenbezüge aus Baumwolle in Weiß
Sticktwist in Khaki, Pflaume und Grau
Schere
Sticknadel
Phantomstift

Zeichnen Sie nach dem nebenstehenden Muster mit dem Phantomstift Linien über die Breite des Bettbezugs. Sticken Sie die Linien mit Vorstich und zwei Fäden des Sticktwists, und wechseln Sie die Farben, wie in der Vorlage angegeben. Die markierten Linien verschwinden nach einigen Stunden von selbst.

Servietten

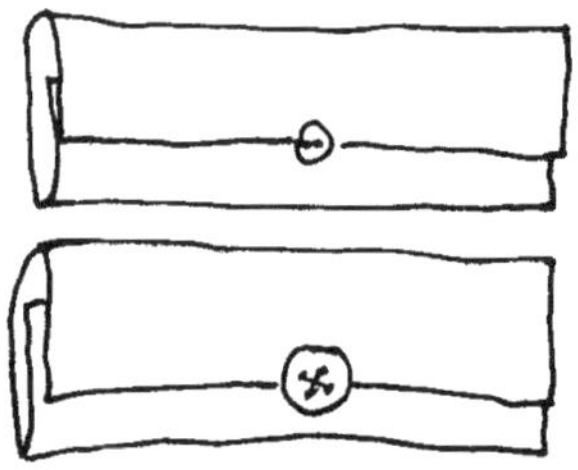

Material
Quadratische Servietten aus Baumwolle
Textilfarbe für die Waschmaschine in Violettbraun
Baumwollsticktwist in Blassrosa
Verschiedene Perlmuttknöpfe
Grobes Salz

Neue Servietten waschen, um die Appretur zu entfernen, gebrauchte einfach nur nass machen. Die Servietten nach der Anleitung von Seite 10 in der Waschmaschine färben und liegend trocknen lassen. Falten Sie eine Serviette zur Hälfte, und nähen Sie mittig, 4 cm vom Seitenrand entfernt, mit rosafarbenem Sticktwist einen Knopf an.
Flechten Sie nun aus drei doppelten Fäden des Sticktwists einen dünnen Zopf (oder drehen Sie eine Kordel), formen Sie eine Schlinge und nähen die beiden Enden gegenüber dem Knopf 4 cm vom Rand aus mittig an. Die Schlinge muss lang genug sein, um den Knopf zu halten. Falten oder rollen Sie die Serviette zusammen, und schließen Sie den Knopf.

Khaki
Pflaume

Beginnen Sie die Stickerei 50 cm vom Seitenrand.

Bettbezug

Pflaume

Grau

Pflaume
Pflaume

Khaki

Pflaume

Grau
Pflaume

Khaki

Grau
Pflaume

Khaki

Beginnen Sie die Stickerei 20 cm vom Seitenrand.

Khaki
Pflaume

Kissenbezug

Pflaume

Grau
Pflaume

Khaki

Grau
Pflaume

Anordnung der Vorstiche.

Stuhlhussen

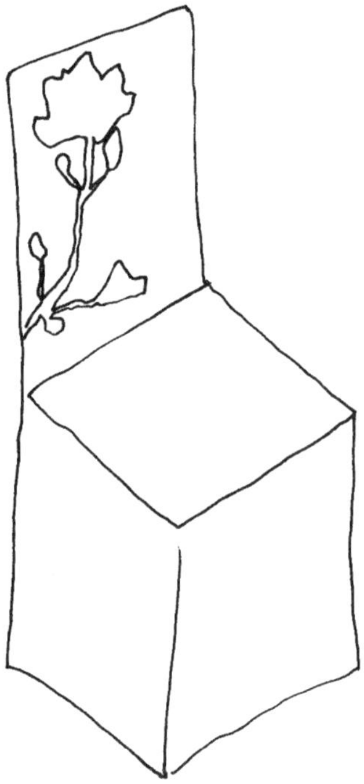

Material
Stuhlhussen aus Baumwolle in Weiß
Textilfarbe für die Waschmaschine in Khaki
Stoffmalfarbe in Marineblau
Grobes Salz
Feiner Pinsel
Blau- und Transparent-Zeichenpapier
Weicher Bleistift (2B)
Küchenkrepp
Stecknadeln
Bügeleisen
Sauberes Stück Stoff

Die Stuhlhussen waschen, um die Appretur zu entfernen, nach der Anleitung von Seite 10 in der Waschmaschine färben und trocknen lassen. Anschließend das nebenstehende Motiv auf 160 % vergrößern und mit dem Bleistift abpausen. Das Motiv von den Seiten 88-89 ebenfalls abpausen. Übertragen Sie es nach der Anleitung von Seite 8 jeweils auf das Rückenlehnenteil der Hussen. Stülpen Sie die Hussen über die Stühle, um sie glatt zu spannen. Befestigen Sie mit Stecknadeln auf der linken Seite der Hussen eine Lage Küchenkrepp, um überschüssige Stoffmalfarbe beim anschließenden Bemalen aufzusaugen. Malen Sie nun die Motive mit einem feinen Pinsel auf. Lassen Sie die Farbe trocknen, und nehmen Sie die Hussen wieder vom Stuhl. Legen Sie ein sauberes Tuch auf die Motive, und bügeln Sie sie sorgfältig, um die Farbe zu fixieren.

Motiv auf 160 % vergrößern.

Motiv in Originalgröße.

Bettwäsche für Mädchen

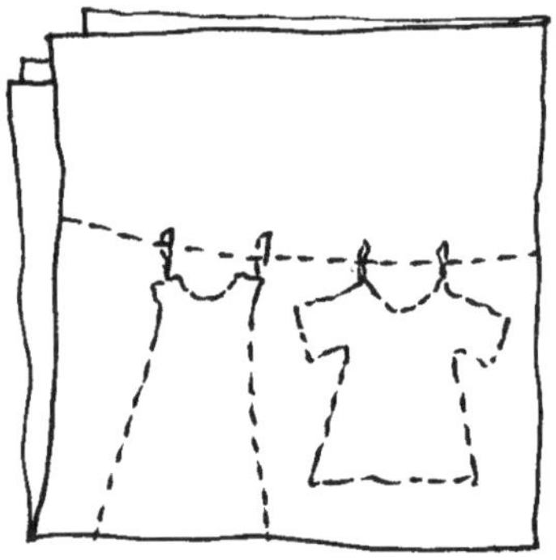

Material
Bettwäsche aus Baumwolle in Weiß
1 Strang Sticktwist in Marineblau
Schere
Sticknadel
Blaupapier
Weicher Bleistift (2B)

Die unten abgebildete Vorlage mit dem Kopierer auf 500 % vergrößern. Mit Blaupapier und Bleistift abpausen und nach der Anleitung von Seite 8 auf die gesamte Bettbezugbreite übertragen. Dann die Kontur des Motivs mit Vorstich und zwei Fäden des Sticktwists in Marineblau besticken.

Motiv auf 500 % vergrößern.

Geschirrtücher

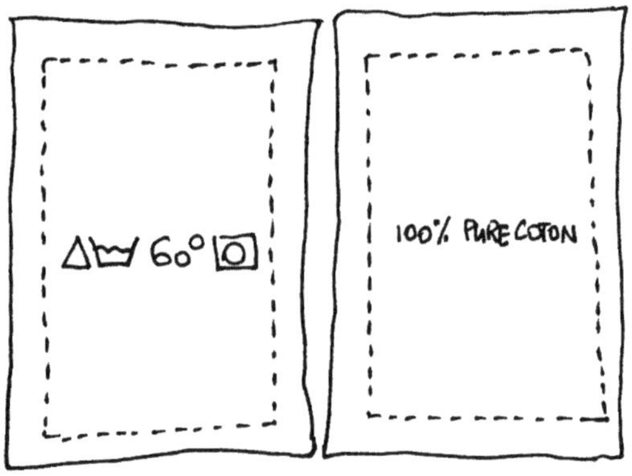

Material
2 Waffeltücher in Ecru
1 Strang Sticktwist in Türkis
Schere und Sticknadel
Stoffmalfarbe in Grau
Buchstabenstempel
Blau- und Transparent-Zeichenpapier
Weicher Bleistift (2B)
Küchenkrepp
Stecknadeln
Teller, Bügeleisen
Sauberes Stück Stoff

Für das bestickte Geschirrtuch vergrößern Sie die unten abgebildeten Motive auf 120 %, pausen sie mit Bleistift ab und übertragen sie nach der Anleitung von Seite 8 mittig auf das Tuch. Sticken Sie die Konturen der Motive mit Stielstich und zwei Fäden des Sticktwists in Türkis.
Für das bedruckte Geschirrtuch stecken Sie auf der Rückseite des zweiten Tuchs eine Lage Küchenkrepp fest, um überschüssige Stoffmalfarbe beim anschließenden Stempeln aufzusaugen. Geben Sie etwas graue Stoffmalfarbe auf einen Teller. Tauchen Sie die Stempel so in die Farbe, dass nicht zu viel Farbe daran haftet, und stempeln Sie dann einen Satz Ihrer Wahl auf das Tuch. Trocknen lassen, ein sauberes Tuch auf die Motive legen und alles sorgfältig bügeln, um die Farbe zu fixieren.
Zum Schluss sticken Sie auf beide Geschirrtücher 5 cm vom Rand entfernt mit Vorstich eine umlaufende Bordüre.

Motive auf 120 % vergrößern.

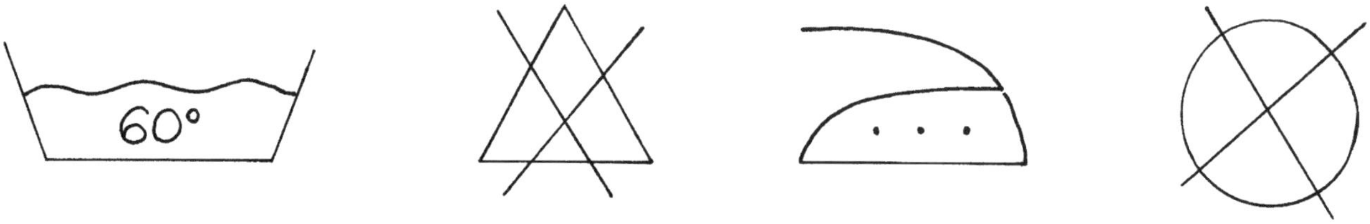

machine wash. 100% cotton Pure

Motive zum Besticken und Beispiele für den Stempeldruck.

Bettwäsche für Jungen

Material
Bettwäsche aus Baumwolle in Sand
Buchstabenstempel
Stoffmalfarbe in Schokoladenbraun
1 Strang Sticktwist in Schokoladenbraun
Schere und Sticknadel
Blau- und Transparent-Zeichenpapier
Weicher Bleistift (2B)
Küchenkrepp
Stecknadeln
Teller, Bügeleisen
Sauberes Stück Stoff

Legen Sie den Bettbezug glatt hin, und zeichnen Sie 50 cm vom seitlichen Rand entfernt eine vertikale Linie über den gesamten Bezug. Befestigen Sie mit Stecknadeln auf der linken Seite im Inneren des Bettbezugs eine Lage Küchenkrepp, um überschüssige Stoffmalfarbe beim anschließenden Stempeln aufzusaugen.
Geben Sie etwas Stoffmalfarbe in Schokoladenbraun auf einen Teller. Tauchen Sie die Stempel so in die Farbe, dass nicht zu viel Farbe daran haftet, und bestempeln Sie den Bezug. Ordnen Sie die Zahlen in aufsteigender Reihenfolge „eins, zwei, drei, vier, fünf, sechs" oder nach Belieben an. Trocknen lassen, ein sauberes Tuch auf die Motive legen und alles sorgfältig bügeln, um die Farbe zu fixieren.
Vergrößern Sie die unten abgebildete Zahl „1509" auf 150 %. Mit dem Bleistift abpausen und nach der Anleitung von Seite 8 auf den Bettbezug übertragen. Die Zahl 60 cm unterhalb des oberen Rands oder nach Belieben platzieren. Dann die Kontur der Zahlen mit Vorstich und zwei Fäden des Sticktwists aufsticken.

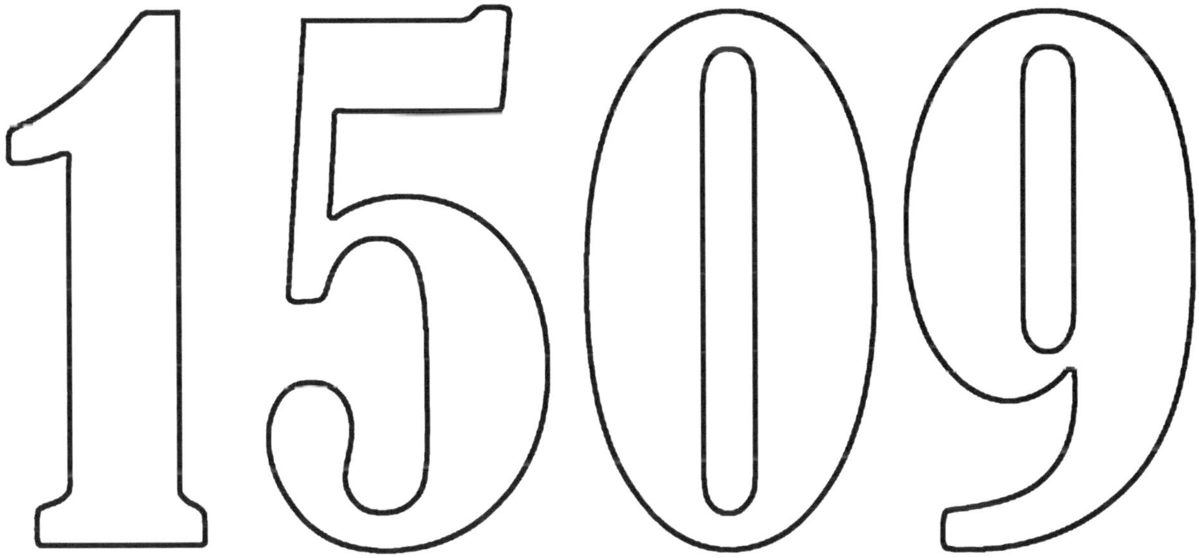

Motiv auf 150 % vergrößern.

Noch mehr Ideen für

Decken, Bettbezüge, Vorhänge …
und anderes aus Stoff

velvet
silk

Möbel, Aufbewahrungs-boxen ... und andere Behälter

Box mit 9 Schubfächern

Anleitung S. 109-111

Kleine Bilderrahmen

Anleitung S. 108

N. 583 · EDIZIONI · MARZO 1999 · SPED. ABB. POST. · 45% · ART. 2 COMMA 20/B LEGGE 662/96 · MI · LIRE 10.000
N. 605 · GENNAIO 2001 · SPED. ABB. POST. · 45% · ART. 2 COMMA 20/B LEGGE 662/96 · CMP VR · LIRE 8.500
N. 596 · EDIZIONI · APRILE 2000 · SPED. ABB. POST. · 45% · ART. 2 COMMA 20/B LEGGE 662/96 · MI · LIRE 8.500
L'UOMO EDIZIONI MAGGIO-GIUGNO/MAY-JUNE 1997 N. 281 LIRE 9.000
CASA · SUPPLEMENTO AL NUMERO 603 DI ITALIA · OTTOBRE 2000
N. 552 · EDIZIONI · AGOSTO 1996 · SPED. ABB. POST. · COMMA 26 ART. 2 L. 549/95 · MI · LIRE 8.000
CASA · SUPPLEMENTO AL NUMERO 598 DI ITALIA · GIUGNO 2000
VOGUE N. 608 · APRILE 2001 · SPED. ABB. POST. · 45% · ART. 2 COMMA 20/B LEGGE 662/96 · CMP VR · LIRE 8.500
BLANC

Foam

Medizinschränkchen

Anleitung S. 112-113

Zinktöpfe

Anleitung S. 112

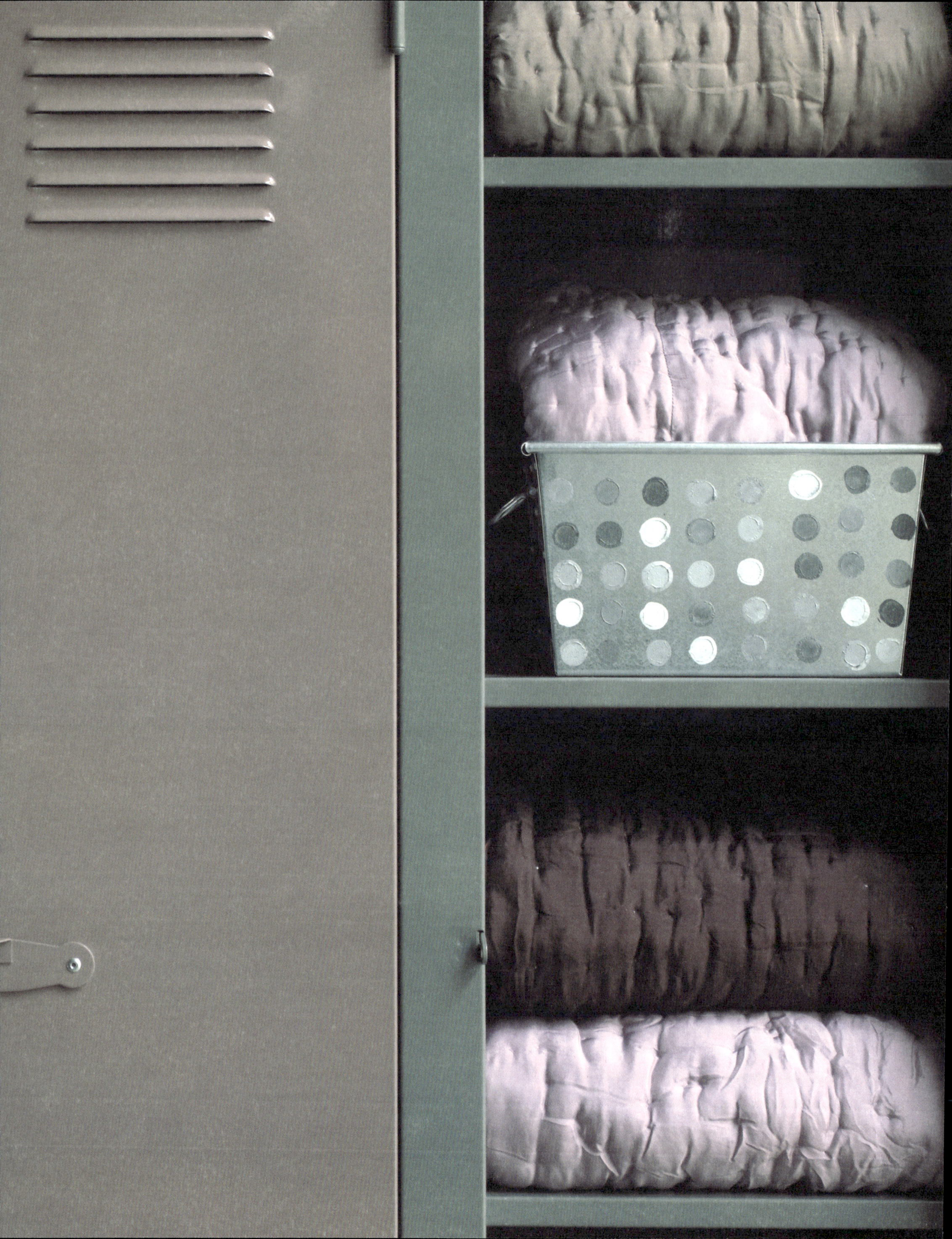

Zinkwanne

Anleitung S. 114

Blumentöpfe

Anleitung S. 115

Stühlchen

Anleitung S. 116

Holzrahmen

Anleitung S. 117-119

Schubladenkästchen

Anleitung S. 116-117

Kleine Bilderrahmen

Material
Kleine Bilderrahmen in unterschiedlichen Größen mit Passepartout
Tapete oder Geschenkpapier
Schere
Sprühkleber

Verwenden Sie unterschiedlich große Bilderrahmen, eine Tapete mit historischen Motiven (z. B. Toile de Jouy) oder Geschenkpapier.
Schneiden Sie Papierrechtecke in der Größe der Bilderrahmen zu, und befestigen Sie diese mit etwas Sprühkleber hinter dem Passepartout. Arbeiten Sie dabei sorgfältig, damit keine Falten entstehen. Hängen Sie die Rahmen an die Wand. Ein harmonisches Gesamtbild entsteht, wenn die Rahmen an einer horizontalen oder vertikalen Linie ausgerichtet und in gleichem Abstand zueinander aufgehängt werden.

Box mit 9 Schubfächern

Material
Box mit 9 Schubfächern aus unbehandeltem Holz
Tapete oder Geschenkpapier
Sprühkleber, extra stark
Acrylfarbe, passend zum Papier
Feiner Pinsel
Buchstabenschablonen
Sprühlack in Transparent, matt
Blau- und Transparent-Zeichenpapier
Weicher Bleistift (2B)
Breites Klebeband

Die auf den Seiten 110 und 111 abgebildete Vorlage mit dem Kopierer auf 105 % vergrößern. Mit dem Bleistift abpausen und nach der Anleitung von Seite 12 auf die Frontseite der Box übertragen. Befestigen Sie die Schubfächer mit Klebeband an der Box, damit sie sich nicht verschieben. Achten Sie darauf, dass das Motiv dabei nicht überklebt wird. Füllen Sie die aufgemalten Buchstaben mit Acrylfarbe aus. Sie können auch verschiedene Buchstabenschablonen (Anleitung S. 12) auf die Frontseite legen und die freien Flächen mit Acrylfarbe betupfen.
Messen Sie die Tiefe und den Umfang der Box (Höhe der beiden Seiten plus Deckel) aus und schneiden ein Tapetenrechteck mit diesen Maßen zu. Legen Sie dieses mit der linken Seite nach oben glatt hin, und besprühen Sie es mit starkem Kleber. Versehen Sie zunächst nur ein Seitenteil der Box mit dem Papier. Achten Sie darauf, dass die Kante bündig mit der Front der Box abschließt. Bekleben Sie dann den Deckel und schließlich die zweite Seite. Üben Sie Druck aus, damit das Papier flächig mit dem Untergrund verklebt. Arbeiten Sie die Ecken und Kanten sorgfältig heraus. Zum Schluss ziehen Sie das Klebeband von den Schubladen ab und fixieren die bemalte Frontseite mit Sprühlack.

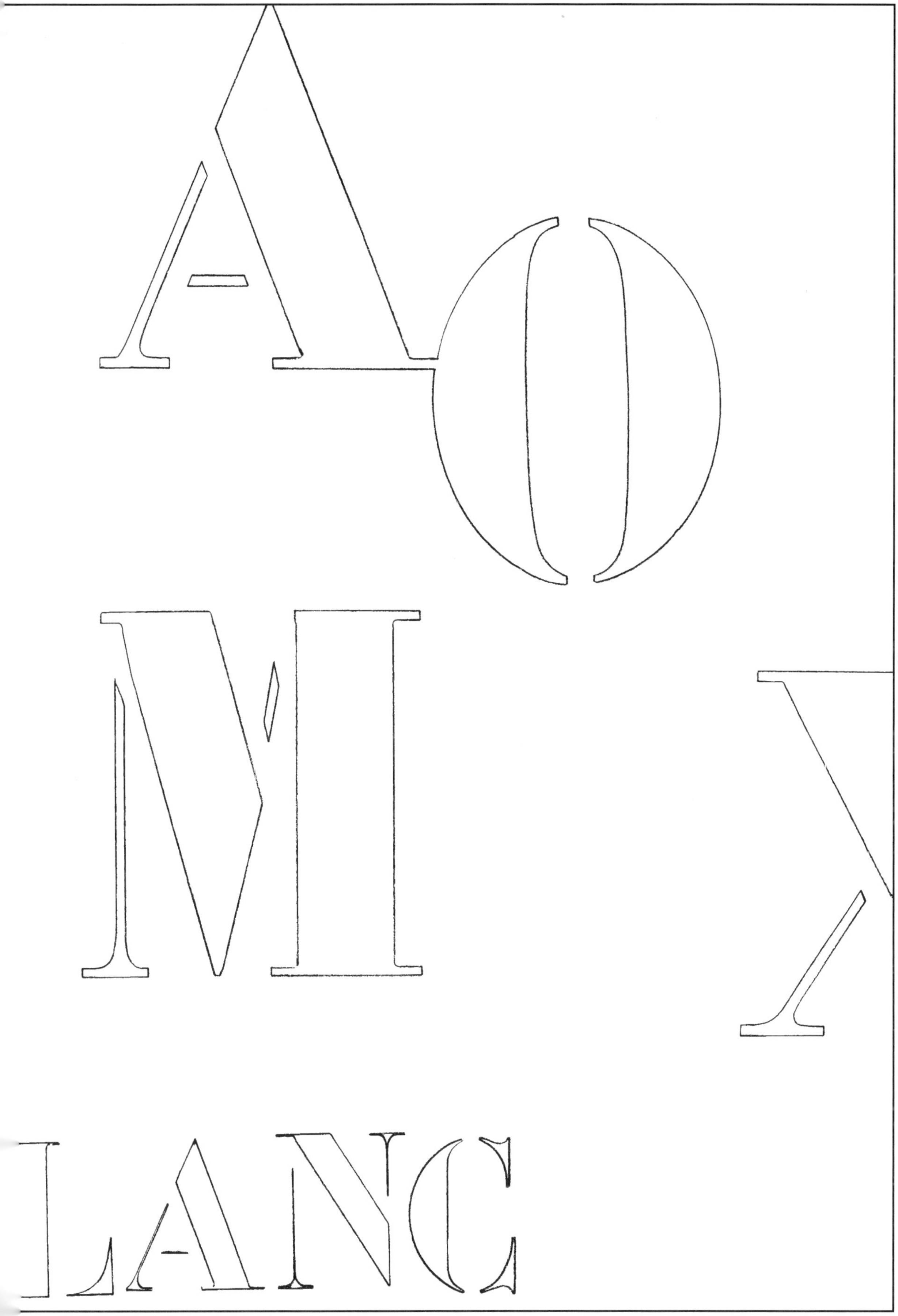
A O
M
LANC

Medizinschränkchen

Material
Medizinschränkchen aus Metall, weiß lackiert
Elefantenhaut oder Seidenpapier in Grün
Seidenband in Khaki
Transparent-Zeichenpapier
Schere und Sticknadel
Sprühkleber, extra stark
Weicher Bleistift (2B)
1 Strang Baumwollperlgarn in Grün

Das Kreuz auf der gegenüberliegenden Seite mit dem Kopierer auf 200 % vergrößern. Mit Bleistift und Transparentpapier auf das grüne Papier übertragen (siehe S. 12) und ausschneiden. Die Papierrückseite mit starkem Kleber besprühen und das Kreuz mittig auf die Schranktür kleben.
Schneiden Sie ein Stück Seidenband für den unteren Rand des Kreuzes (vgl. Foto S. 100) und ein weiteres in Schrankbreite zu. Das erste Stück kleben Sie auf den unteren Rand des Kreuzes und das zweite auf den unteren Rand der Schranktür.
Für die Quaste schneiden Sie den Perlgarnstrang an beiden Enden auf und legen ihn doppelt. Führen Sie ein Stück Seidenband durch die Schlaufe, und binden Sie alle Fäden mit einem festen Knoten zusammen. Zwei Fäden des Perlgarns werden nun als Aufhänger nach oben gezogen und an den Schlüssel geknotet. Einen weiteren Faden schlingen Sie mehrmals unterhalb des Bands eng um die Quaste, verknoten ihn und ziehen ihn mit einer Nadel in das Quasteninnere. Die beiden Enden des Seidenbands ebenfalls an den Schlüssel knoten und die Fäden gerade schneiden.

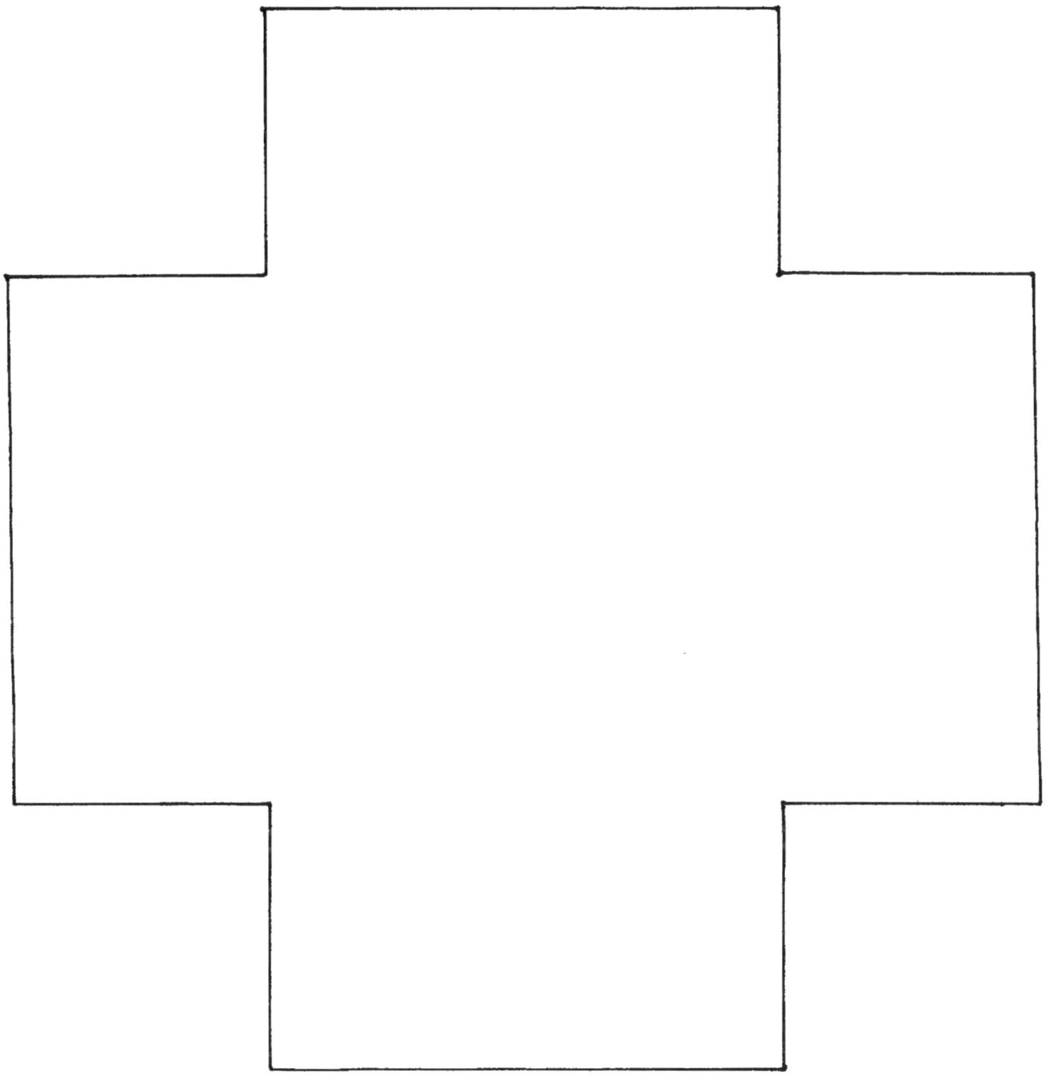

Motiv auf 200 % vergrößern.

Zinkwanne

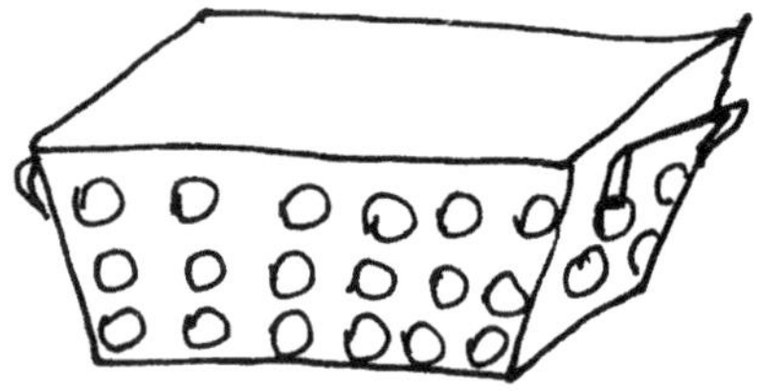

Material
Zinkwanne
Acrylfarbe in Schwarz und Weiß
Sprühlack in Transparent, matt
Teller
Flacher Schwamm

Gießen Sie die Farbe auf einen großen Teller; auf die eine Seite die schwarze und auf die andere die weiße. Mischen Sie beide Farben mit einem Stöckchen in der Tellermitte, um unterschiedliche Grauschattierungen zu erhalten, und lassen Sie die schwarze und weiße Farbe am Tellerrand unangetastet. Schneiden Sie aus dem Schwamm so viele Kreise heraus, wie Farbnuancen vorhanden sind, plus je einen für Schwarz und Weiß. Diese Schwammkreise dienen als Stempel.

Bestempeln Sie die Wanne zuerst mit der schwarzen Farbe, dann mit der weißen und schließlich mit den Grautönen. Vor dem Auftragen des Sprühlacks gut trocknen lassen.

Blumentöpfe

Material
Zinktöpfe in verschiedenen Größen
Acrylfarbe in Aubergine und Schwarz
Buchstabenstempel
Breites Klebeband
Breiter Pinsel
Sprühlack in Transparent, matt
Teller

Überlegen Sie sich, wo Sie die Töpfe bemalen wollen und wo das Metall sichtbar bleiben soll. Kleben Sie die Töpfe entsprechend mit Klebeband ab. Tragen Sie mit einem breiten Pinsel Acrylfarbe in Aubergine auf, und lassen Sie alles gut trocknen.
Geben Sie etwas schwarze Farbe auf einen Teller. Tauchen Sie die Buchstabenstempel in die Farbe. Es darf nicht zu viel Farbe am Stempel haften. Drücken Sie ihn vorsichtig auf den Topf, bilden Sie dabei Wörter oder Vornamen. Vor dem Auftragen des Sprühlacks nochmals gut trocknen lassen.

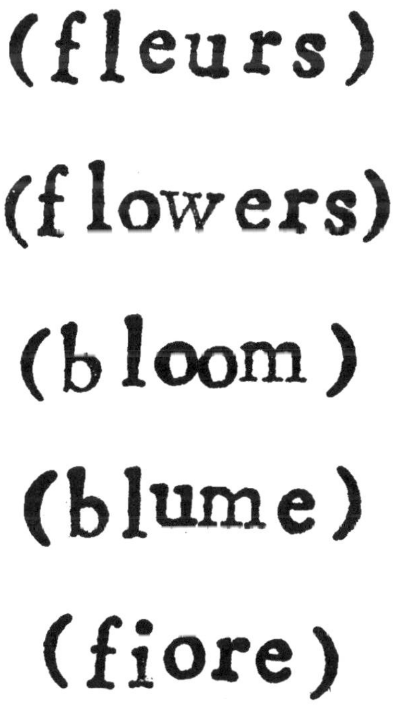

Wortbeispiele.

Stühlchen

Material
Kleine Stühle aus unbehandeltem Holz
Acrylfarbe in Khaki und Marineblau
Buchstabenschablonen
Farbroller
Feiner Pinsel
Breiter Borstenpinsel
Sprühlack in Transparent, matt
Teller
Breites Klebeband

Zuerst die Stühlchen mit dem Farbroller und Acrylfarbe in Khaki streichen. Feinarbeiten mit einem feinen Pinsel ausführen und alles gut trocknen lassen. Stellen Sie wie in der Anleitung von Seite 12 Buchstabenschablonen nach Wunsch her. Nun auf den Sitzflächen die zu einem Wort oder Vornamen zusammengesetzten Schablonen mit Klebeband fixieren. Gießen Sie etwas blaue Farbe auf einen Teller, und tauchen Sie den Borstenpinsel hinein. Es darf nicht zu viel Farbe am Pinsel haften. Stupfen Sie die Innenfläche der Schablonen jeweils mit Farbe aus. Trocknen lassen und in der gleichen Weise eine zweite Farbschicht auftragen. Vor dem Auftragen des Sprühlacks nochmals gut trocknen lassen.

Schubladenkästchen

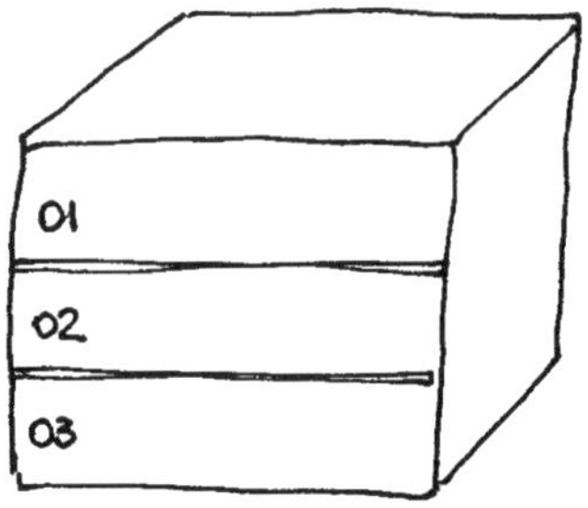

Material
Schränkchen mit 3 Schubfächern aus unbehandeltem Holz
Acrylfarbe in Violettbraun, Schwarz und Weiß
Feiner Pinsel
Farbroller
Transparent-Zeichenpapier
Weicher Bleistift (2B)
Sprühlack in Transparent, matt
Teller

Mischen Sie für die erste Farbe auf einem Teller Violettbraun mit Schwarz im Verhältnis 4:1, und geben Sie eine Spur Weiß dazu. So erhalten Sie die Grundfarbe Graubraun. Streichen Sie den Kästchenkorpus sowie ein Schubfach mit dem Farbroller. Fügen Sie etwas Schwarz hinzu, um eine andere Farbschattierung zu erhalten, und streichen Sie damit das zweite Schubfach. Geben Sie noch mehr Schwarz dazu, und streichen Sie das dritte Schubfach. Behalten Sie von jeder Farbe einen kleinen Rest für spätere Arbeiten zurück. Pausen Sie Zahlen aus der nebenstehenden Zahlenreihe ab, übertragen Sie sie jeweils oben links auf die Front der Schubfächer, und malen Sie sie mit einem feinen Pinsel aus; dabei die zuvor gemischten Farbschattierungen in umgekehrter Reihenfolge verwenden. Vor dem Auftragen des Sprühlacks alles gut trocknen lassen.

Holzrahmen

Material
6 Holzrahmen aus unbehandeltem Holz, 10 x 15 cm
Acrylfarbe in Khaki und Violett
Pinsel
Weicher Bleistift (2B)
Sprühlack in Transparent, matt
Cutter oder Skalpell
Breites Klebeband

Streichen Sie die Holzrahmen mit Acrylfarbe in Khaki, und lassen Sie sie trocknen. Ziehen Sie auf drei der Rahmen 2 cm oberhalb des unteren Rands und auf den anderen drei Rahmen 3,5 cm unterhalb des oberen Rands eine Linie. Kleben Sie diese Linien ab, und streichen Sie die freien Flächen in Violett an. Alles gut trocknen lassen und eine zweite Farbschicht auftragen, damit eine glatte Oberfläche entsteht. Ist die Farbe vollkommen trocken, sprühen Sie den transparenten Mattlack auf.
Kopieren sie die Vorlagen von Seite 118 und 119 auf 110 %, schneiden Sie sie mit dem Cutter oder Skalpell aus, und positionieren Sie sie in den Rahmen. Hängen Sie die Rahmen so an die Wand, dass die violetten Streifen aneinander grenzen.

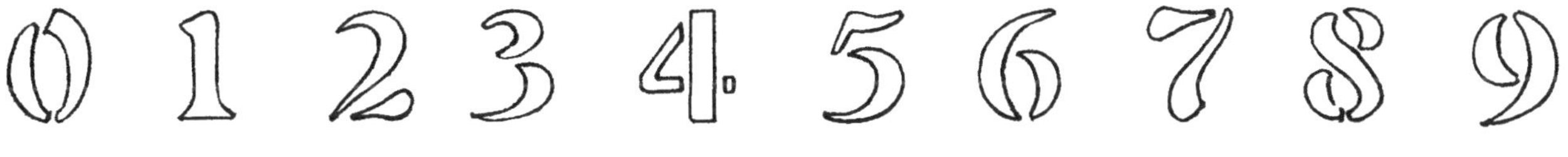

Motiv auf 120 % vergrößern.

Fotos auf 110 % vergrößern.

Noch mehr Ideen

für Möbel, Aufbewahrungsboxen … und andere Behälter

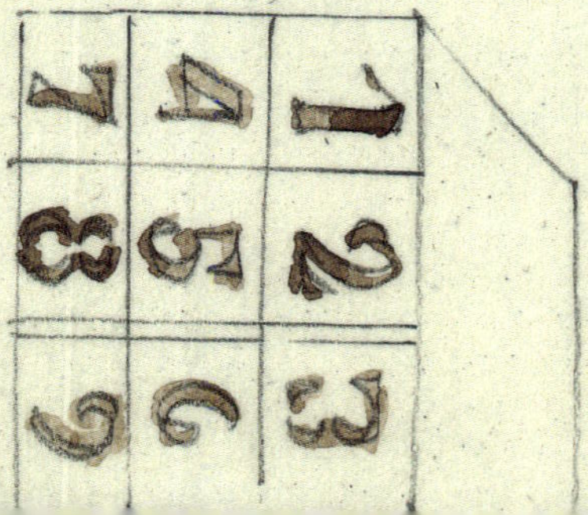

armoire à pharmacie

Und
anderes zum
Selbermachen ...

Teppich

Anleitung S. 132

Pappschachteln

Anleitung S. 133

R

Kugelleuchten aus Papier

Anleitung S. 134

Bild

Anleitung S. 135

Spiegel

Anleitung S. 134, 136-137

Weiße Kerzen

Anleitung S. 138

Kleiderbügel

Anleitung S. 138-139

Teppich

Material
Wollteppich
Textilfarbe für die Handfärbung in Chamois
Weißer Essig
Gummihandschuhe
Große Wanne

Das Färbebad in einer Wanne nach der Anleitung von Seite 10 vorbereiten. Den Teppich gut nass machen, nur leicht auswringen und in das Farbbad tauchen. Am Anfang häufig und dann 1 Stunde lang regelmäßig bewegen. Dabei darauf achten, dass der Teppich stets vollkommen eingetaucht ist. Den Teppich von Hand auswringen oder mit geringer Drehzahl in der Waschmaschine schleudern. Liegend an einem schattigen Ort trocknen. Beim Trocknen in der Sonne besteht die Gefahr, dass sich die Farbe verändert.

Pappschachteln

Material
2 Pappschachteln
Tapete
Acrylfarbe in Weiß
Buchstabenschablonen
Borstenpinsel
Sprühkleber, extra stark
Breites Klebeband
Cutter oder Skalpell
Teller

Schneiden Sie aus Tapete ein Rechteck mit den Maßen eines Schachteldeckels zuzüglich einer Zugabe von rundum 5-8 cm zu. Legen Sie dieses Tapetenstück mit der linken Seite nach oben glatt auf den Tisch, und besprühen Sie es mit starkem Kleber. Drücken Sie den Deckel kräftig auf das eingesprühte Papier, damit es haftet. Schneiden Sie die Ecken der Tapete mit dem Cutter oder Skalpell diagonal ein, und klappen Sie das Papier um die Deckelseiten nach innen.
Stellen Sie wie in der Anleitung von Seite 12 Buchstabenschablonen nach Wunsch her. Legen Sie die Schablonen Ihrer Vornamenbuchstaben auf den Deckel, und fixieren Sie diese mit Klebeband. Geben Sie etwas weiße Farbe auf einen Teller, tauchen Sie den Borstenpinsel hinein, es darf allerdings nicht zu viel Farbe daran haften. Tragen Sie nun die Farbe stupfend auf die Innenfläche der Schablonen auf. Lassen Sie die Farbe trocknen, und tragen Sie in der gleichen Weise eine zweite Farbschicht auf.

Für die zweite Schachtel schneiden Sie wieder ein Tapetenstück zu, aus dem Sie in der Mitte einen etwa 10 cm breiten Streifen herausschneiden, so dass Sie zwei gleich große Tapetenstücke haben. Legen Sie einen Tapetenstreifen mit der linken Seite nach oben glatt auf den Tisch, und besprühen Sie ihn mit starkem Kleber. Legen Sie den Deckel so auf die eingesprühte Tapete, dass reichlich Tapete übersteht, um die Deckelseiten bespannen und die Tapete um den Deckel nach innen einschlagen zu können. Drücken Sie den Deckel kräftig auf die Tapete, damit sie gut haftet. Schneiden Sie die beiden Ecken mit dem Cutter oder Skalpell diagonal ein, und klappen Sie das Papier um die Deckelseiten nach innen. Verfahren Sie beim zweiten Rechteck, das Sie dem ersten gegenübersetzen, in der gleichen Weise. Malen Sie dann mit Hilfe der Schablonen Ihre Initialen auf.

Auch die Schachtelfrontseite beschriften Sie mit den Schablonen. Beispielsweise mit Angaben über den Inhalt der Schachteln: Bastelmaterial, Utensilien, dies und das, ...

Kugelleuchten aus Papier

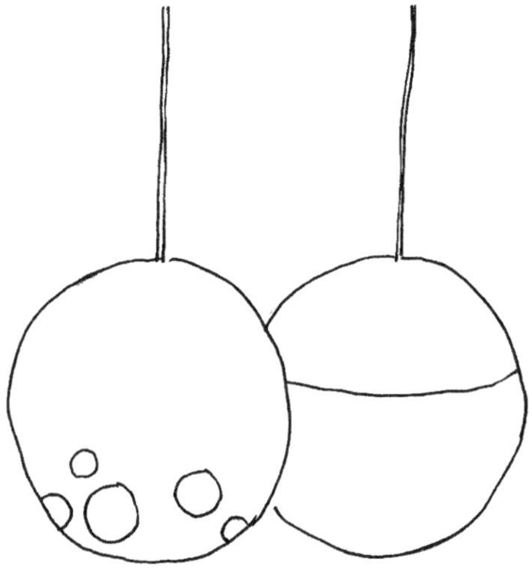

Material
Kugelhängeleuchten aus Papier
Textilfarbe für die Handfärbung in Beige
Acrylfarbe in Marineblau
Weicher Bleistift (2B)
Feiner Pinsel
Teller
Große Wanne

Bereiten Sie für die beige Kugel in einer Wanne aus der Textilfarbe ein kaltes Farbbad vor. Falten Sie die Kugel auseinander, und spannen Sie sie auf das Metallgestell. Halten Sie sie am oberen Ende, und tauchen Sie etwa drei Viertel der Kugel so lange in das Farbbad, bis das Papier sich gut mit Farbe voll gesaugt hat. Die Kugel aus dem Farbbad nehmen und aufhängen. Solange sie nicht vollkommen trocken ist, sollte sie nicht zu sehr bewegt werden.

Für die gepunktete Kugel bereiten Sie auf einem Teller blaue Acrylfarbe vor. Falten Sie die Kugel auseinander, und spannen Sie sie auf das Metallgestell. Zeichnen Sie auf den unteren Teil der Kugel sorgfältig unterschiedlich große Kreise und malen diese mit dem feinen Pinsel und wenig verdünnter Farbe aus. Trocknen lassen.

Spiegel

Material
2 quadratische Spiegel à 32 x 32 cm
Transparent-Zeichenpapier
Weicher Bleistift (2B)
Wasserfester Filzstift
Gravurgerät
Lösungsmittel
Wattestäbchen

Pausen Sie die Motive von den Seiten 136 und 137 ab. Drehen Sie das Transparentpapier um, und ziehen Sie die Linien mit dem weichen Bleistift nach. Zentrieren Sie das Motiv, legen Sie das Transparentpapier mit der linken Seite auf die Spiegel, und zeichnen Sie ein drittes Mal über die Linien. Der Bleistift zeichnet sich leicht auf den Spiegeln ab. Fahren Sie mit dem wasserfesten Filzstift über die Konturen. Achten Sie dabei darauf, dass Sie die Striche nicht mit der Hand verwischen. Gravieren Sie die Motive nach der Anleitung von Seite 16 ein. Zum Schluss entfernen Sie die Filzstiftspuren mit Lösungsmittel.

Bild

Material
Bespannter Keilrahmen, 40 x 40 cm
Acrylfarbe in Taupe (Grauviolett)
Breiter Pinsel
Buchstabenstempel
Tinte in Schwarz

Streichen Sie die Leinwand ungleichmäßig mit der Acrylfarbe. Lassen Sie dabei rundherum einen Rand von 1 cm frei. Trocknen lassen.
Setzen Sie in die Mitte mit den in schwarze Tinte getauchten Buchstabenstempeln die Botschaft des Kunstwerks. Falls Sie keinen Sternstempel haben, können Sie den Stern auch mit einem feinen Pinsel aufmalen.

la vie est belle
das leben ist schön
life is beautiful
la vita e bella

Satzbeispiele.

Motiv in Originalgröße.

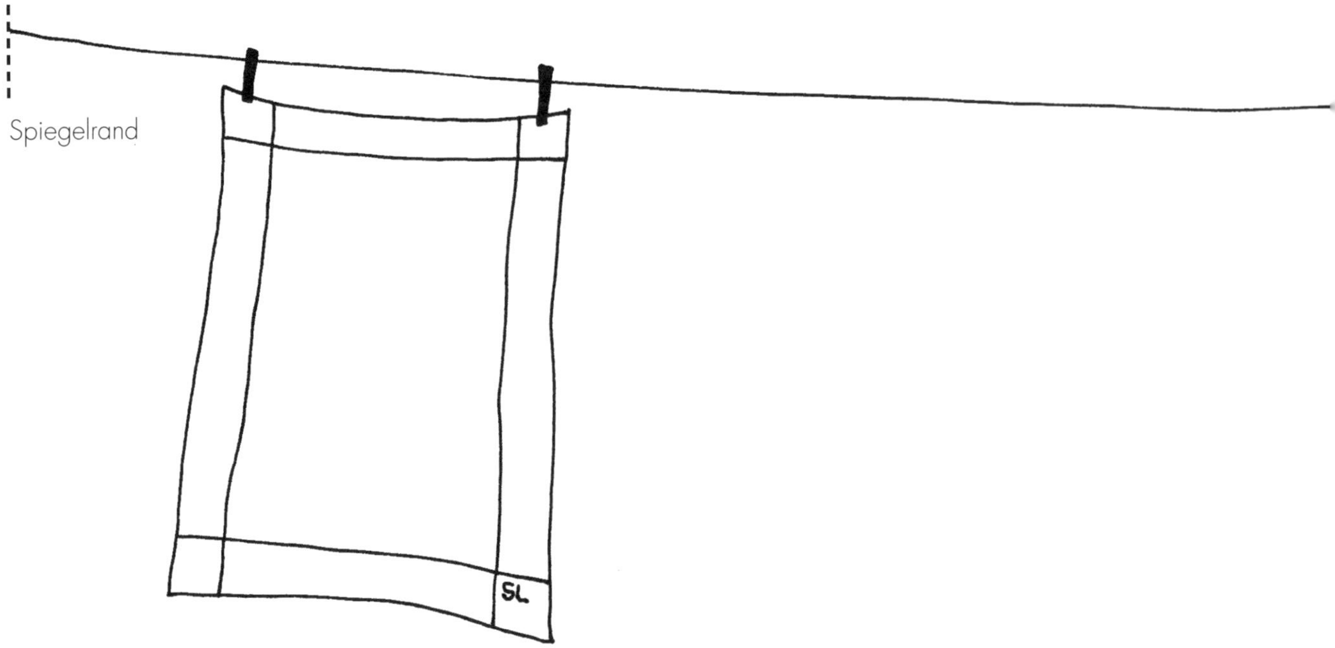

Motive in Originalgröße.

Spiegelrand

I ♥ NY.
Spiegelrand

Weiße Kerzen

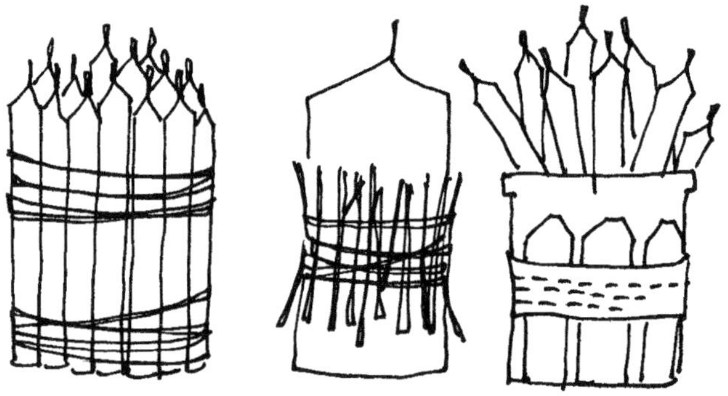

Material
1 Stumpenkerze in Weiß
20 Tafelkerzen in Weiß
Raphiaband in Natur und Maronenbraun
Transparentes Garn
1 Strang Baumwollsticktwist in Schokoladenbraun
Sticknadel
Grünes Band und kleine Zweige
Marmeladenglas
Stoffrest in Ecru
Sternstempel
Tinte in Schokoladenbraun
Alleskleber

Gebündelte Tafelkerzen: Binden Sie zwölf Tafelkerzen zusammen. Wickeln Sie dafür ein braunes Raphiaband mehrmals um die Kerzen und darunter mehrfach naturfarbenes Raphiaband.
Stumpenkerze mit Zweigen: Kleben Sie auf eine weiße Stumpenkerze rundherum kleine Zweige mit Alleskleber, und binden Sie zum Schluss ein grünes Band darum.
Marmeladenglaskerze: Stellen Sie acht Tafelkerzen in ein Marmeladenglas. Schneiden Sie einen 5 cm breiten Stoffstreifen in Ecru zu, dessen Kanten Sie unversäubert lassen. Sticken Sie darauf mit zwei Fäden des Baumwollsticktwistes in Braun drei parallel verlaufende Linien mit Vorstichen. Drucken Sie mit dem Sternstempel und der Tinte einen Stern auf den Streifen. Legen Sie den Stoff um das Glas und nähen ihn mit einem kleinen Stich zusammen.

Die Kerzen sind nur als Dekoration gedacht und dürfen nicht angezündet werden.

Kleiderbügel

Material
Kleiderbügel aus Holz
1 Strang Baumwollsticktwist in Maigrün
Schere und Sticknadel
Naturleinen
Buchstabenschablonen
Stoffmalfarbe in Maigrün
Pinsel, Phantomstift
Breites Klebeband, Küchenkrepp
Stecknadeln, Bügeleisen

Den Schnitt von Seite 139 vergrößern. Den Stoff in beiden Richtungen des Fadenlaufs doppelt legen, den Schnitt darauf platzieren und die Konturen mit Phantomstift nachzeichnen. Im Abstand von 1 cm rundherum eine Linie für die Nahtzugabe ziehen. Buchstabenschablonen herstellen (vgl. S. 12). Die Schablone platzieren und mit Klebeband fixieren. Den Stoff mit Küchenkrepp hinterlegen und die Innenfläche mit Stoffmalfarbe ausmalen. Ein sauberes Tuch auf das trockene Motiv legen und den Stoff bügeln. Unter das Motiv drei Reihen Vorstiche in Grün sticken. Den Bügel so zwischen beide Stofflagen legen, dass der Haken herausschaut. Den Bezug 1 cm umschlagen, zusammenstecken und mit Festonstich und zwei Fäden Sticktwist in Grün schließen.

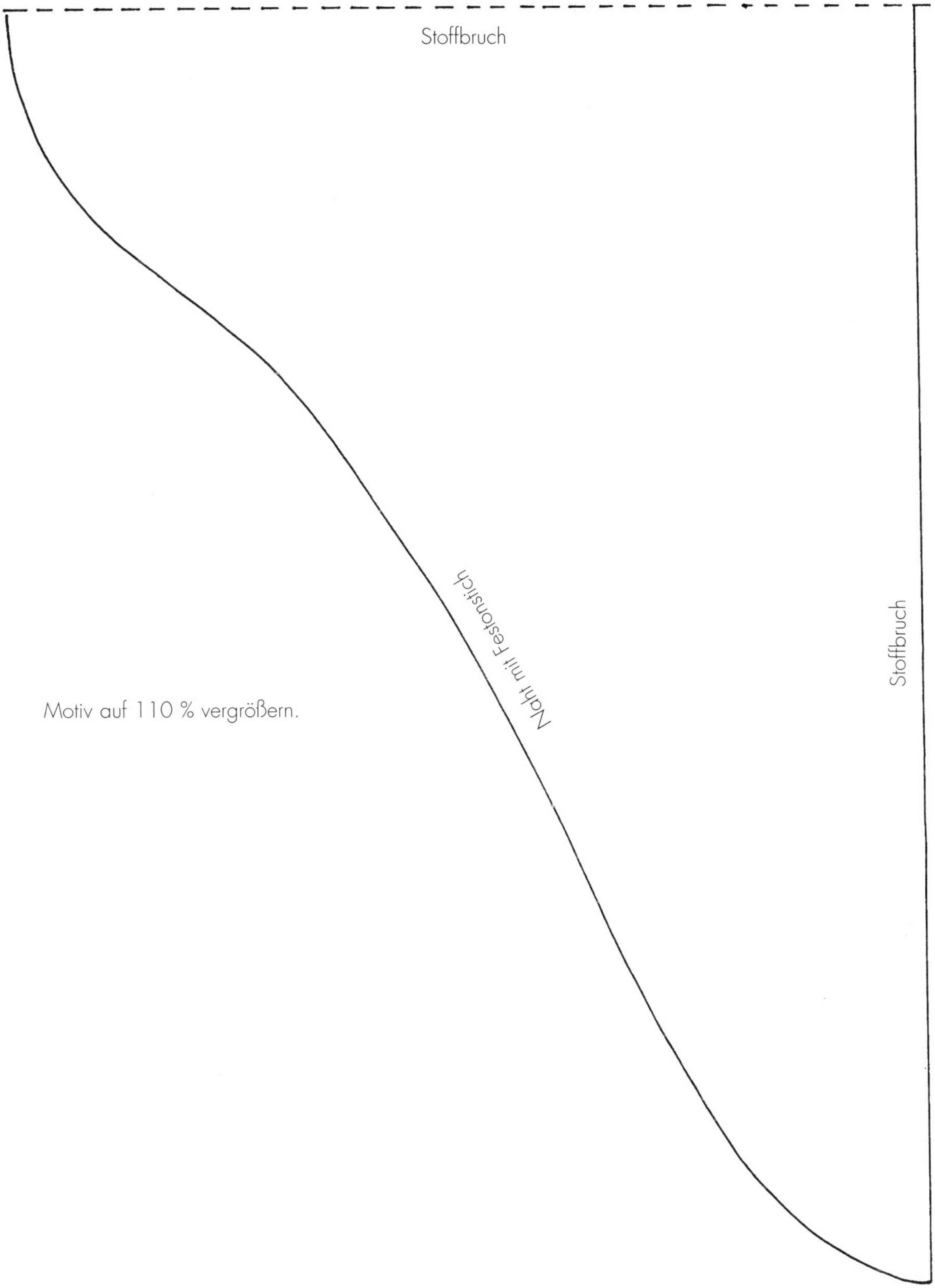

Motiv auf 110 % vergrößern.

Noch mehr Ideen

… für anderes zum Selbermachen

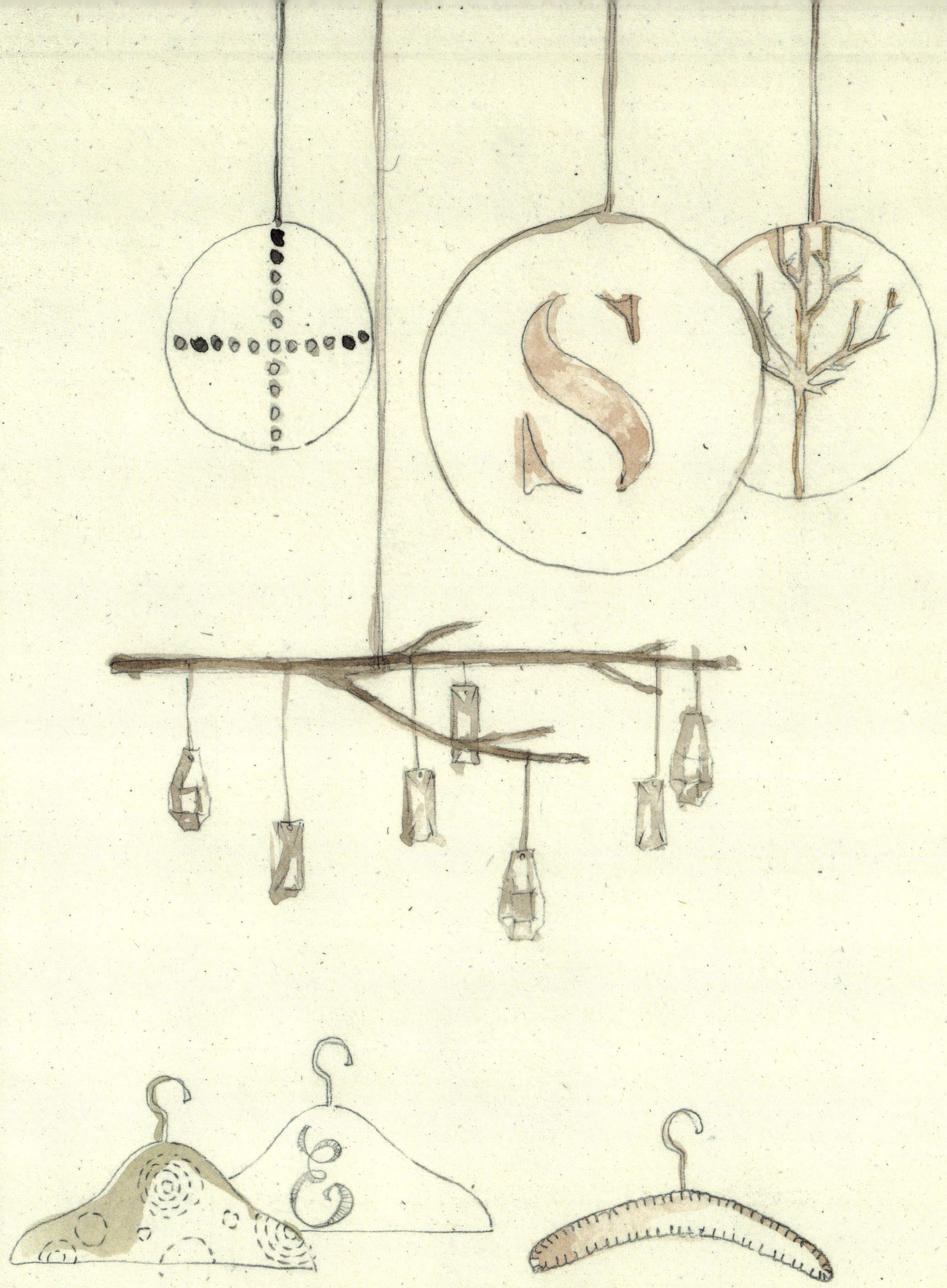
S

bonne année

Bezugsquellen

Dylon
www.omegin.de

Habitat
www.habitat.net

Ikea
www.ikea.com

La Redoute
www.laredoute.ch

Serendipity
www.serendipity-shop.de

Dank

Unser Dank geht an Serendipity dafür, dass sie uns so freundlich aufgenommen haben, wir Fotos machen durften und sie uns die folgenden Ausstellungsstücke zur Verfügung gestellt haben:
Velvet chic (das Love-Kissen), Seite 53,
La Sensitive (Seidensteppdecken), Seiten 57, 102, 105 und 124,
Nana ki (Baumwollsteppdecken), Seiten 53 und 69,
Mushkane (türkisfarbener Filzteppich), Seite 27,
Tolix (Schemel und Stühle), Seiten 56, 59 und 66,
Atelier LZC (Metallvögel), Seite 54,
Tsé-Tsé associées (Porzellanleuchten und Vase), Seiten 128-129,
Jielde (Tischleuchten im Vintage-Stil), Seiten 98 und 106.

1000 Dank an Pascale … Laurence und Élisa … Karine und Jérôme … Muriel von Loisirs et Création und Jacqueline von Dylon … sowie Dominique und Frédéric …

Die französische Originalausgabe erschien 2006 unter dem Titel *Tout customiser dans la maison* von Sonia Lucano bei Marabout (Hachette Livre), F-Paris

Aus dem Französischen übersetzt von Waltraud Kuhlmann, D-Bad Münstereifel
Satz der deutschen Ausgabe: Die Werkstatt, D-Göttingen
Redaktion der deutschen Ausgabe: Petra Puster, D-Niederpöcking

Bibliografische Information der Deutschen Nationalbibliothek
Die Deutsche Nationalbibliothek verzeichnet diese Publikation in der Deutschen Nationalbibliografie; detaillierte bibliografische Daten sind im Internet über http://dnb.d-nb.de abrufbar.

ISBN: 978-3-258-07204-3